AF288079

Umschlaggestaltung Cover:

Aquarell "Großer Teich im Kurpark von Bad Nauheim"

von Elke Schürmcycr

Echt jetzt?

Ja genau! So war das neulich…

…im Leben von Klaus Münch

Bibliografische Information der Deutschen Nationalbibliothek: Die Deutsche Nationalbibliothek verzeichnet diese Publikation in der Deutschen Nationalbibliografie; detaillierte bibliografische Daten sind im Internet über dnb.dnb.de abrufbar.

Über Kritik und Anregungen würden wir uns sehr freuen:

echtjetztklaus@gmx.de

Copyright 2023 Klaus Münch und Elke Schürmeyer

Herstellung und Verlag:

BoD – Books on Demand, Norderstedt

ISBN 9783758306105

Inhalt:

Vorwort:

Als unsere Tochter Miriam eines Tages – wie immer voller Enthusiasmus und absoluter Erschöpfung – vom Kindergarten nach Hause kam war es ihr ein großes Bedürfnis, mich über die neuesten Ereignisse dort in Kenntnis zu setzen. Deshalb fragte sie mich, ob sie mir mal ein paar **„Neulichkeiten"** erzählen dürfe. Diese Wortschöpfung habe ich ganz spontan in mein Herz geschlossen, und die Idee zu diesem kleinen Werk hier war im gleichen Moment entstanden. Ich erzählte schon immer gerne „von früher" und schwelgte oft in Erinnerungen. Nun habe ich einige Begebenheiten zu Papier gebracht. Die folgenden Geschichten sind alle tatsächlich wie beschrieben geschehen. Es handelt sich um lauter wahre **„Neulichkeiten"**!

Viel Spaß beim Lesen wünscht
Klaus

Ach übrigens, stell Dir doch mal vor, was mir passiert ist, und zwar

neulich ...

...im Religions-unterricht

Nun gehörte ich – und zwar mit einer gehörigen Portion Stolz – schon zu den Großen in der Schule. Also, nicht nur was die Körperlänge anging – da zumindest war ich eigentlich immer schon der Größte – nein, auch dass ich schließlich schon die 4. Klasse besuchte, gab mir ein erhabenes Gefühl gegenüber anderen. Z.B. gegenüber diesen pimpfigen und winzigen Drittklässlern. Von den Zweitklässlern reden wir erst gar nicht...!

Mit meinen schulischen Leistungen war diese hochkarätige Sinnesempfindung nicht zu begründen, denn diese waren eher mittelprächtig. Aber auf dem Schulhof einer Grundschule geben nun mal die Kinder der 4. Klasse den Ton an. Und das war gut so. Musste ich doch vorher ganze drei Jahre sehnsüchtig darauf warten, für ein jämmerlich kurzes Jahr dann endlich in dieser formidablen Position zu sein. Gut, die Situation besserte sich zwar schon von Schuljahr zu Schuljahr, aber so richtig toll war es erst, wenn man wirklich der Älteste auf dem Gelände war.

Meinen Klassenkameraden und mir war selbstverständlich auch klar, dass wir dann im nächsten Jahr, also auf der nächsten Schule, wieder die allerkleinsten und die am allermeisten Gehänselten sein werden. Aber, soweit dachten wir selten voraus. Das Jetzt galt!

Es war ein ganz normaler Tag, und eine der großen Pausen – also eine dieser Unterrichtsunterbrechungen, in der die Kleinen auf dem Schulhof schön brav das tun mussten, was wir Großen von ihnen verlangten – war gerade zu Ende gegangen. (Die sogenannte kleine Pause hatte ihren Namen übrigens nur, weil sie so kurz, also nur eine kleine Verschnaufpause war. Nicht dass da jemand auf andere Interpretationen käme...)

Im weiteren Verlauf des Schultages stand nun eine Stunde römisch-katholischer Religionsunterricht auf dem Plan. Ich erinnere mich extrem genau daran, dass unser Herr Pfarrer an diesem Tage u.a. die folgende Frage stellte: „Wer ist Stellvertreter Gottes auf Erden?"

Sofort schnellte Stefans Hand in die Höhe. Na klar! Religion war genau sein Ding. Da war er der Klassen-Primus. Dieser Streber! Nach und nach hoben aber auch andere Mitschüler und Mitschülerinnen ihre Hände. Sehr zu meiner Verwunderung. Und bei manchen hätte ich das nicht erwartet. Zirka die Hälfte der Klasse zeigte inzwischen, per erhobenen Arm, dass sie sich angesprochen fühlte. Als dann schließlich noch der Thomas – diese Pflaume – seinen Finger nach oben streckte (was er sonst eigentlich stets vermied) reichte es mir.

„Das gibt es ja wohl nicht! Also, wenn der, dann ich aber auch, und zwar schon lange!!", ging es mir durch den Sinn und somit beteiligte selbst ich mich an der kollektiven Dehn- und Streckübung der Klasse.

Und was tat unser Herr Pfarrer? Er zögerte lange und blickte verständlicherweise suchend und wohl überlegend in die Runde. Ich konnte sein Zaudern nachvollziehen. Solch eine entscheidende Angelegenheit musste natürlich gut durchdacht sein. Dann endlich entschied er sich und wandte sich Uwe zu.

„Ja, Uwe, na was meinst Du denn?"

„Der Papst ist Gottes Stellvertreter auf Erden!", sagte der Schüler brav, und mit etwas Stolz in der Stimme. Normalerweise wusste Uwe nicht allzu viel in Reli beizutragen.

„Was faselt der denn da?", dachte ich verwundert und verstand den Sinn seiner Antwort nicht. Was hatte denn jetzt – bitte schön – der Papst mit diesem Vorgang hier zu tun?

„Häh? Wie jetzt?"

Inzwischen hatten sich alle Finger meiner Mitschüler wieder gesenkt und der Unterricht wurde mit Informationen über das Kirchenoberhaupt fortgesetzt. Nur, mitten in der Klasse blieb ein verwirrter Schüler zurück, der erst nach Rücksprache mit seinem Nachbarn Nils erfahren musste, dass die Frage: „Wer ist Stellvertreter Gottes auf Erden?" eben nicht im Sinne von „Wer von Euch hat Lust, Gott auf Erden zu vertreten?" gedacht war. Nee! Sondern sie sollte eine Aufgabenstellung, also eine Art Überprüfung unseres Wissensstandes diesbezüglich sein. Und deshalb war Uwes Auskunft, der Papst, selbstverständlich die einzig mögliche und völlig korrekte Antwort gewesen. Zumindest für einen gläubigen Katholiken. Und ich dachte schon, unser

Pfarrer ist auf der Suche nach einem Freiwilligen für diesen Job! Wie gesagt, anfangs hatte mich diese Aufgabe nicht unbedingt gereizt, aber als ich sah, wie viele aus meiner Klasse dafür zu haben waren – und vor allem als dann sogar der Thomas Interesse zeigte – dachte ich mir, wie bereits erwähnt, wenn der, dann kann ich das auch!

Übrigens noch eine Anmerkung am Rande:
Hätte der Kollege Uwe seine Antwort an die Tafel schreiben müssen, hätte er mit 100%-iger Sicherheit „Der Pabst" geschrieben. Jede Wette! Nahezu alle Kelkheimer Schülerinnen und Schüler in den ersten vier Klassen schrieben damals den Oberhirten der katholischen Kirche mit einem „b" in der Mitte. Das kam daher, dass es zu dieser Zeit in unserem Städtchen wirklich nur einen einzigen Laden gab, in dem man Schreibwaren kaufen konnte. Und da Schüler berufsbedingt zwangsläufig mehrmals im Jahr eine solche Location aufsuchen mussten, ging man bei uns dann stets zum „Pabst", denn das war der Name des Besitzers jenes gut sortierten Bücher- und Schulbedarf-Paradieses. Das Geschäft kannte wirklich jeder in Kelkheim.
Ich weiß noch genau welchen Schrecken ich bekam, als mir in der 5. Klasse ein Lehrer in einer Klassenarbeit das Wort „Pabst" als Fehler anstrich! Ich rannte wutentbrannt zu ihm, um ihn zur Rede zu stellen, aber es half nichts. Er grinste nur und verwies darauf, dass es fast allen in meinem Alter so erging, zumindest in dieser kleinen, idyllischen hessischen Ortschaft, am Rande des Taunus.

...in Hamburg

Da ich diese ehrwürdige Hansestadt schon immer sehr gerne mochte, versuchte ich in meiner Jugend alle Gelegenheiten wahrzunehmen, dort hinzureisen. Eines Tages, es war im November 1979, kamen einige meiner Kumpels auf die glorreiche Idee, das folgende Wochenende in dieser schönen Metropole im Norden unserer Republik zu verbringen, da der Krischn seine dort ansässige Oma besuchen wollte.

So traf es sich richtig gut, dass in dieser besagten Woche am Freitag in der Schule nicht viel los war und man diesen Tag dann getrost auch mal wörtlich nehmen konnte.

Es gab sechs Interessenten für die Reise und zufälligerweise standen zwei Autos dafür zur Verfügung. Und zwar der VW-Käfer vom Geiger und der – wer hätte das gedacht? – VW-Käfer vom Wolfgang.

Mit von der Partie waren neben den beiden erwähnten Fahrern und mir auch die Ann-Kathrin und die Conny sowie der Krischn (der mit der Oma). Die beiden Mädels hatten Bekannte in Hamburg bei denen sie nächtigen wollten, und der Rest würde bei der besagten Großmutter untergebracht werden.

Da Wolfgang – der einzige Werktätige der Reisegesellschaft – am Freitag noch arbeiten musste konnte er erst am Nachmittag abreisen, was uns Anderen aber zu spät war.

Geiger, Ann-Kathrin, Conni und ich starteten deswegen bereits morgens um 6 Uhr gen Norden. Wir kamen auf der Autobahn gut voran. Nach 6 h trafen wir an unserem ersten Ziel in der Hansestadt, den Bekannten von Ann-Kathrin und Conni, ein. Geiger und ich verabschiedeten uns bis Sonntagnachmittag von unserer weiblichen Reisebegleitung und fuhren erstmal in die Innenstadt. Um 19 Uhr waren wir dann mit den Nachzüglern Wolfgang und Krischn im „Posemuckel" verabredet. Das war so eine Art unterirdisches Bierdorf mitten in der City. Jedenfalls ein idealer Treffpunkt. Es wurde ein netter Abend, zunächst jedenfalls. Wir ermüdeten allerdings relativ bald, was in Anbetracht der Tatsache, dass wir einen langen und anstrengenden Tag hinter uns hatten, nicht sonderlich verwunderlich war. So wurde beschlossen, bereits gegen 22 Uhr in Richtung Krischns Oma – welche in einem mir nicht bekannten Hamburger Stadtteil etwas außerhalb wohnte – aufzubrechen. Dort wurden fast alle sehnsüchtigst erwartet, denn die alte Dame wollte eigentlich schon längst im Bett liegen und „pofen", wie man in dieser Gegend zu sagen pflegte. Aber wieso eigentlich nur fast alle? Naja, die Sache war die, dass im Vorfeld ein kleiner, aber bedeutender und folgenreicher Kommunikationsfehler vorlag. Die Oma war lediglich bereit drei junge Männer aufzunehmen.

Das waren der Krischn (klar, war ja ihr Enkel) sowie der Geiger und der Wolfgang (na klar, es waren ja die Fahrer). Sämtliche Versuche, die Großmutter umzustimmen schlugen fehl. Sie blieb hanseatisch stur. Ich musste draußen bleiben, in dieser saukalten, nebligen Novembernacht, in Hamburg. Die Jugendherberge an den Landungsbrücken hatte längst geschlossen. Geld für eine Hotelübernachtung besaß ich selbstverständlich nicht. So stand ich immerhin vor der Wahl zwischen Geigers und Wolfgangs Käfer als Nachtquartier. Wenn ich wenigstens schon den Führerschein gehabt hätte, dann wäre ich noch ein paar Runden mit voll aufgedrehter Heizung gefahren, um mir mein Bettchen vorzuwärmen. So aber blieb mir nur die kalte Enge des VWs, um eine kuschelige Nacht zu verbringen. Eine richtige Decke oder ähnliches stand mir bedauerlicherweise auch nicht zur Verfügung. Und mein alter – einst extrem günstig erstandener – Anorak verdiente nicht wirklich die Bezeichnung Winterjacke, aber ich hatte immerhin meinen Eintracht-Schal bei mir. Trotz der kargen Ausstattung war ich anfangs – meinem Charakter entsprechend – optimistisch eingestellt. Erstens, weil das meinem Naturell entsprach, zweitens, weil ich im Prinzip jemand war, der nicht so schnell und leicht fror. Schön fand ich die Situation nicht, aber „es könnte funktionieren", dachte ich.

Nur der geringe Platz, welchen ich im VW-Käfer vorfand, ließ mich etwas die Stirn runzeln. Des Weiteren hatten sowohl Wolfgang als auch Geiger, nur äußerst ungemütlich kalte Kunststoffsitze in den Billigversionen ihrer Autos. Wenn ich das im Vorfeld geahnt hätte, hätte ich im Posemuckel ordnungsgemäß alkoholisch kräftig zugeschlagen und mich warmgetrunken.

Ich fügte mich in mein Schicksal und machte es mir auf der Rückbank angemessen gemütlich. Nach ca. fünf Minuten hatte ich erstmals das Bedürfnis mein linkes Bein anders zu positionieren. Das war mir aber leider aus Platzgründen nicht möglich. Wenigstens waren die Scheiben bald schon von innen beschlagen. So konnte mich nicht jeder Vorbeigehende sofort entdecken. Obwohl, eigentlich war in dieser arktischen Novembernacht sowieso keiner mehr freiwillig draußen. Nur eben so arme Schüler, die von Krischns Oma kein Asyl bekommen hatten. Das Kondenswasser begann von den Scheiben zu tropfen. Naja, es gab Schlimmeres. Zumindest war mir zu diesem Zeitpunkt noch nicht richtig kalt, versuchte ich mich zu beruhigen. Dies gelang mir allerdings nur für eine kurze Zeit.

Es mag sein, dass ich sogar mal für zehn Minuten am Stück eingenickt war. Aber diese mich einquetschende Position nervte langsam.

„Dann versuche ich eben im Sitzen zu pennen.“

Auch das ging nicht lange gut. Und dann kam es wie es kommen musste. Zu der Enge gesellte sich schließlich noch die Kälte hinzu, welche allmählich durch jede Ritze des alten Käfers von draußen in die Fahrgastzelle kroch. Und Ritzen hatte dieser Wagen jede Menge.

Vom Stadtteil, in dem ich mich befand, hatte ich bei unserer Ankunft nicht viel mitbekommen. Es schien auf den ersten Blick ein etwas noblerer zu sein. Also, nicht dort wo die ganz Reichen wohnten, aber auch nicht ärmlich. Ich fragte mich zusätzlich, was wohl wirklich passiere, wenn doch ein Anwohner zufällig vorbeikommen würde, z.B. weil er vorher bis tief in die Nacht in seiner Stammkneipe versackt war. Und was, wenn er mich sähe. Wie würde der Hamburger auf mich im Auto reagieren? Ängstlich? Mitleidig? Gar nicht?

Würde er/sie mir evtl. sogar Unterschlupf gewähren, oder eher doch die Polizei rufen? Keine Ahnung. Sollte ich es wagen, auf mich aufmerksam zu machen, oder sollte ich das Risiko eingehen, eventuell im Auto zu erfrieren? Viele Gedanken schossen von allen Seiten in mein Hirn. Man kennt das z.B. aus den einschlägigen US-amerikanischen Spielfilmen. Dort trifft dann der tragische Held in seiner größten Not, plötzlich und unerwartet auf eine tapfere, furchtlose und hübsche Retterin, die ihn schließlich mit zu sich nach Hause nimmt. Aber ich war weder in Amerika, noch war ich ein Held. Ferner machte ich in dieser Nacht obendrein äußerlich nicht unbedingt den sympathischsten oder ansehnlichsten Eindruck. Ein langhaariger Jugendlicher, ungewaschen, unrasiert und unterkühlt. Also nicht in dem Sinne unterkühlt, wie man es den Norddeutschen oft vorurteilsmäßig nachsagt. Nein, gemeint war nur meine Körpertemperatur von gefühlten 25°C. Höchstens! So kauerte ich erstmal weiter im „VW-Kühlschrank". Ich konnte nicht einschlafen, was meinen Beinen allerdings ständig gelang. Kein Wunder bei der Enge und der geringen Bewegungsfreiheit.

Ein weiteres, potenzielles Problem tat sich auf. Was, wenn ich nachts aufs Klo musste? Ich hatte ja abends im Posemuckel doch das eine oder andere Getränk zu mir genommen. In dieser Gegend eine geeignete Stelle zu finden konnte schwierig sein. Sollte ich dann im Notfall evtl. Krischns Oma aus dem Bett klingeln? Fürwahr keine gute Idee, befand ich. So langsam wurde die Kälte unerträglich schmerzhaft. Alles, ja wirklich alles, tat mir weh. Und irgendwie wollte ich nicht mehr. Eine Uhr hatte ich übrigens auch nicht dabei. Wie spät mochte es wohl inzwischen sein, hier am Nordpol? Keine Ahnung! Irgendwann kam ich zu der Erkenntnis: „alles andere macht mehr Sinn und ist sicherlich besser für mich, als weiter in diesem Auto zu leiden." Ich beschloss mich auf den Weg zu machen. Wohin wusste ich nicht. Aber auf jeden Fall die Beine ausstrecken und mich bewegen. Wenn ich ganz viel Glück haben sollte, fände ich vielleicht sogar eine offene Kneipe. Bei meiner Körpergröße wäre es bestimmt nicht aufgefallen, dass ich noch nicht volljährig war. Aber gleich vorneweg, ich fand keine offene Kneipe. Der gesamte Stadtteil lag ruhig und leblos im Tiefschlaf. Nachteilig machte sich draußen der kalte Wind bemerkbar. Unter dem hatte ich im Auto zumindest nicht zu leiden. So war sie, die heutige Jugend, mit nichts zufrieden. Immer nur am Maulen. Mal über den engen Raum, mal über den frostigen Wind. Aber stets unzufrieden. Schlimm, oder?

Ich weiß auch nicht mehr genau wie lange ich umhergeirrt bin, bis ich dann jedenfalls, zu meiner großen Freude, die folgende Entdeckung machte: Eine Bushaltestelle!!! Und das Allerbeste daran war: dort standen ein paar Leute herum, bibbernd vor

Kälte. Und mein Verstand sagte mir, dass dies nur eines bedeuten konnte: der Bus kommt bald. Es war Samstagmorgen, und warum sollten sich sonst – noch dazu bei derartig frischen Temperaturen, welche jeden Atemzug für alle Umstehenden sichtbar werden ließen – ein paar Menschen an einer Bushaltestelle versammeln. Daraus resultierte für mich nur die einzige, oben bereits erwähnte, Schlussfolgerung. Und, dieser Gedanke gefiel mir! Man beäugte mich sehr misstrauisch. Schließlich kannte man mich nicht und mein Äußeres war wenig adrett. Aber mir war das in diesem Moment mehr als egal.

Es dauerte tatsächlich nur ca. fünf Minuten, bis das ersehnte öffentliche Verkehrsmittel um die Ecke bog. Auf der Anzeige stand in großen, warm leuchtenden, gelben Buchstaben das Ziel der Fahrt angeschrieben: S-Bahn Poppenbüttel. OK, das war also der Ort, zu dem ich nun wollte!

Kaum hatte ich mich auf dem weichen Sitz niedergelassen, spürte ich zum einen die ersten schwachen Anzeichen einer wohligen Wärme in mir aufsteigen, und des Weiteren eine tiefe, mich übermannende, Müdigkeit, welcher ich nichts mehr entgegenzusetzen hatte.

Der Busfahrer allerdings schon, denn von ihm wurde ich kurze Zeit später, relativ unsanft mit den Worten: „Endstation, bitte alle aussteigen! Das gilt auch für Dich, Du Penner!", aufgeschreckt. Wie ich später erfuhr, war ich stattliche vier Minuten im Bus gefahren, da ich nämlich an der vorletzten Haltestelle vor der Endstation zustieg. Die S-Bahnstation war zugig. Zum Glück dauerte es wieder nicht allzu lange, bis eine Bahn erschien. Bereits nach 15 Minuten konnte ich meine Reise in die Innenstadt antreten. Ach ja, am Bahnhof erfuhr ich dann endlich wie viel Uhr es war, 04:20 Uhr. Verdammt früh, fand ich.

In der warmen S-Bahn schlief ich unverzüglich wieder ein. Aber es war ein unruhiger Schlaf. Denn irgendwie wollte ich die Station Landungsbrücken nicht verpennen. Dort, mitten in der Stadt, am Hafen, plante ich auszusteigen. Was genau ich dort so treiben wollte, wusste ich bis dato nicht. Hauptsache nicht mehr frieren müssen. Bis zum nächsten Treffen mit den anderen Jungs – um 10:30 Uhr waren wir zu einer Hafenrundfahrt verabredet – waren es schließlich noch ein paar Stunden, die es irgendwie rumzubringen galt.

Es gelang mir tatsächlich an der gewünschten Station auszusteigen. Dort war noch überhaupt nichts los, um diese Uhrzeit. Kein Kiosk hatte geöffnet. Dabei sehnte ich mich doch so sehr nach einer Cola! Ja, verrückt, oder? Zu dieser Zeit war ich ein Cola-Freak. Das Zeug konnte ich damals zu jeder Tages- und Nachtzeit in mich reinkippen! Aber an diesem frühen Morgen hatte ich keine Gelegenheit, ein Fläschchen käuflich zu erwerben. Jeder Vernünftige Mensch hätte sich in dieser fröstelnden Situation einen heißen Kaffee oder Tee für die innere Erwärmung gewünscht. Ich nicht. Ich hätte eine gekühlte koffeinhaltige Limonade vorgezogen.

Da ich mich, aufgrund früherer Aufenthalte in dieser schönen Stadt etwas auskannte, dachte ich mir: „Ich laufe jetzt vom Hafen, in Richtung

Mönckebergstraße, der großen Einkaufsmeile der City. Das hält mich in Bewegung und bestimmt wird mir dadurch wärmer." So begab ich mich auf einen Weg, der in seinem Verlauf immer düsterer und dunkler wurde. Flotten Schrittes versuchte ich der Kälte zu trotzen, als ich in einiger Entfernung eine Brücke registrierte, unter welcher sich irgendetwas zu bewegen schien. Langsam näherte ich mich dieser Stelle. Je dichter ich kam, desto genauer konnte ich erkennen, was sich unter der Unterführung abspielte. Ein leichtes Unbehagen breitete sich in mir aus...

Ich hörte Stimmen. Lallende Stimmen. Nun konnte ich sodann menschliche Körper erkennen. Einige lagen an der Seite auf dem Boden, andere standen. Es war ein Obdachlosen-Treffpunkt. Auch diese armen Menschen hatten die winterliche Nacht im Freien verbringen müssen. Sie hatten noch nicht mal einen VW-Käfer. Aber dafür ein paar Schlafsäcke. Und Alkohol. Das war deutlich zu riechen. Mir war spürbar mulmig zumute. Eine Flasche kreiste, obwohl es gerade mal halb sechs Uhr morgens war. Als man mich bemerkte, wurde ich von ca. 15 Augenpaaren misstrauisch be- gutachtet. Da man jedoch registrierte, dass ich kein Polizist und kein sonstiger Ordnungshüter war, bot man mir unverzüglich einen Schluck aus der Pulle an. Ich lehnte allerdings dankend ab, weil ich vermutete, der Cola-Anteil des Getränks sei für mich zu gering.

Ja, man erkannte mich als einer der ihren. Kein Wunder. Äußerlich unterschied ich mich nicht allzu sehr von ihnen. Einige rückten sogar etwas zusammen, um mir einen Platz in ihrer Mitte anzubieten. Fand ich ja nett, aber irgendwie war das dann doch nicht das, wonach ich suchte. Deshalb zog ich es vor, weiterzugehen und das freundliche Angebot nicht anzunehmen. Das kam bei meinen Leidensgenossen nicht gut an und man warf mir ein paar zornig klingende Worte hinterher. So marschierte ich weiter in Richtung Zentrum. In der Mönckebergstraße hatten selbstverständlich noch alle Geschäfte geschlossen. Auch hier wurde ich nicht fündig, auf der Suche nach einer Cola. Dafür fand ich – zu meiner großen Freude – eine Vitrine mit Werbe-Plakaten für die neue Schallplatte meines großen Idols, Udo Lindenberg. Das musste ich unbedingt fotografieren. Diese Aktion fiel zwei uniformierten Herren auf, welche gerade Streife fuhren. Sie bogen kurzerhand mit ihrem Einsatzwagen – und mit quietschenden Reifen – in die Fußgängerzone ein, schnitten mir den Weg ab, parkten das Fahrzeug direkt vor mir und stiegen aus, um mich zu verhören. Was ich denn um diese Zeit hier so alleine machen würde, wollten sie wissen. Wo ich denn herkam, wo ich denn hinwolle und überhaupt, ob ich mich denn ausweisen könne. Ich erzählte ihnen meine komplette Story, natürlich auch das mit Krischns Oma, mit dem eiskalten VW, usw… Sie schienen Mitleid mit mir zu haben und sahen freundlicherweise von einer Verhaftung ab. Und sie gaben mir den Tipp es mal am Hauptbahnhof zu probieren. Dort konnte man um diese Zeit schon einen heißen Kaffee bekommen. Dankend für den Rat schlich ich weiter. In der B-Ebene unter dem

Hauptbahnhof war es immerhin etwas wärmer als draußen. Deswegen hielt ich mich dort ein wenig länger auf. Plötzlich weckte dort etwas mein besonderes Interesse… Ein Passbildautomat!

„Das isses", dachte ich. „Ich werde diese Situation jetzt mal für die Nachwelt festhalten. Vielleicht kann ich das später mal meinen Enkeln präsentieren. Seht her, so sah euer Opa aus, als er damals Hamburgs kälteste Nacht seit Beginn der Wetteraufzeichnungen so heldenhaft überlebt hatte. Wahrscheinlich werden sie dann schreiend und traumatisiert aus dem Zimmer laufen und ich kriege Ärger mit ihren Eltern". Ob es später tatsächlich noch mal irgendjemand interessieren würde oder nicht, egal, ich musste das einfach dokumentieren! Der Automat spuckte anschließend so eine Art „Horror-Picture-Show" aus.

<Fahndungsfoto>

So langsam begann dann nach und nach Leben in die Stadt einzuziehen. Es kamen immer mehr Leute zusammen und es war mir endlich möglich meine geliebte Cola zu erstehen. Später machten sogar ein paar Läden auf, so dass ich nicht mehr in der Kälte rumlaufen musste. Obwohl ich schon immer jemand war, der nicht so leicht friert, war das, was ich in den letzten Stunden ertragen musste zu viel für mich. Oder besser gesagt, zu wenig, und zwar zu wenig an Temperaturen!

Bald setzte ich mich wieder in eine U-Bahn und fuhr zurück zum Hafen. Dort befand sich, auf einem Hügel – mit traumhaft schönem Blick über das gesamte Becken – die Jugendherberge der Stadt. Damit sich so etwas wie in der vorherigen Nacht nicht wiederholt, checkte ich gleich ganz früh morgens für die nächste Nacht dort ein. Ich wollte nichts mehr riskieren. Nicht, dass es später heißen würde: „Ja da hättest Du gleich früh morgens kommen müssen, um hier noch ein Bett zu kriegen." Nee nee, lieber gleich Nägel mit Köpfen machen!!

Ein paar Stunden später. Endlich!!! Juhuuu!!! Es war 10:30 Uhr geworden. Und ich traf mich mit den anderen zur obligatorischen, großen Hafen-rundfahrt. Merkwürdigerweise waren sie alle unfassbar ausgeschlafen, frisch rasiert, geduscht, gut gesättigt so wie bestens gelaunt, als wir uns an den Landungsbrücken trafen. Es interessierte sie aber tatsächlich zu hören, wie es mir erging, denn der Schreck war groß, als sie morgens das Haus verließen und die VWs leer vorfanden. Wolfgang,

Geiger und Krischn zeigten sich jedenfalls glücklich mich einigermaßen wohlauf wieder zu sehen.

Das Geld für die Hafenrundfahrt war bestens angelegt, denn ich schlief die kompletten zwei Stunden lang tief und fest. Und das auch noch im Warmen. Gut, diese Barkassen sind recht laut uns schaukeln kräftig, aber davon habe ich absolut nichts mitbekommen.

So konnte ich diesen Tag aber insgesamt passabel überstehen. Abends trudelte ich dann vorschriftsmäßig vor 22 Uhr in der Jugendherberge ein. Es war zwar ein 8-Bettzimmer mit lauter fremden Typen drin, welche unterschiedlich lärmend schnarchten, aber es war warm. Und ich hatte genügend Platz, um mich ausstrecken zu können. Mehr brauchte ich gar nicht in dieser Nacht. Einziger Nachteil, sie war viel zu kurz, denn am nächsten Morgen stand dann der traditionelle Besuch des berühmten Fischmarktes auf dem Programm. Eigentlich wollte ich nicht wieder so früh raus, aber da die anderen alle extra zeitig aufstehen wollten, konnte ich schlecht „nein" sagen. Obwohl wir schon um 6 Uhr dort waren, wurden bereits zahlreiche Stände abgebaut. Sehr viel hatten wir nicht mitbekommen, von diesem besonderen Spektakel.

Und Geiger eröffnete mir noch etwas. Er hatte festgestellt, dass die Lichtmaschine von seinem Auto defekt war. Somit musste er also so zeitig in Richtung Heimat starten, um garantiert vor Einbruch der Dämmerung wieder in Kelkheim einlaufen zu können. Auf gut Deutsch, Start sofort nach Erreichen der Helligkeitsstufe, bei der man getrost ohne Licht fahren konnte. Ich war bedient, denn es wurde vorher beschlossen, dass ich mit ihm mitfahren musste. Die beiden Mädels wurden erst um 16 Uhr abgeholt und Wolfgang und Krischn waren ja schließlich am Freitag erst später angereist. Also blieb nur ich als Reisebegleitung für Geiger übrig. Außerdem wollte Krischn auch etwas von Ann-Kathrin. Und die sechsstündige Fahrt im VW-Käfer bietet eine vielversprechende Gelegenheit sich etwas näher zu kommen. Schön für ihn, Pech für mich, denn ich musste viel zu früh abreisen. So blieb mir eigentlich nur die Erkenntnis, dass es doch nichts Schöneres auf der Welt gibt, **als richtig gute Freunde zu haben, die immer für mich da waren, wenn ich sie brauchte!!**

Alles in allem war das nicht gerade mein tollstes Wochenenderlebnis. Aber es taugte zumindest für eine „Neulichkeit".

...in der Freistunde

Der elften Jahrgangsstufe unserer Schule gehörten exakt 120 Schülerinnen und Schüler an. Ungefähr 50 davon kannte ich bereits von der vorherigen Mittelstufenschule. Die restlichen ca. 70 Oberstufen-Neulinge kamen von anderen Schulen aus der Umgebung. Man lernte also täglich neue – mehr oder weniger interessante – Leute kennen. So war es am Anfang des Schuljahres besonders spannend zu erkunden, wie sich die einzelnen Kurse zusammensetzten.

Der Abschied vom bisher gewohnten Klassenverband, mit täglich denselben Kameradinnen und Kameraden um mich herum, fiel mir nicht schwer. Im Gegenteil, ich freute mich auf die zahlreichen frischen Gesichter und darauf neue, interessante Bekanntschaften machen zu können. In den ersten Wochen hatte ich den Eindruck, dass alle mit einem prüfenden, fast schon musternden Blick über das Schulgelände schlichen, um die fremden und bisher unbekannten Leidensgenossen und Genossinnen nach „beachtenswert" oder „langweilig" zu sortieren. Logischerweise tat ich es nicht anders. Und klar war, dabei waren die Mitschülerinnen irgendwie mehr in meinem Fokus als die Mitschüler. Bei den Jungs interessierte mich höchstens welchen Fußballclub sie favorisierten, oder ggf. welche Musik sie hörten, während mir bei den Mädels völlig andere Kriterien wichtig waren.

So fiel mir u.a. auch Hannah (Name geändert) zweifellos als sympathisch auf. Sie war relativ groß, hatte ein freundliches Lächeln, war nicht übertrieben geschminkt und kam einfach „nett rüber". Wie gesagt, sie fiel mir diesbezüglich. auf, aber eine Gelegenheit zu einer Unterhaltung mit ihr hatte sich bislang nicht ergeben. Aber das konnte sich durchaus noch ändern, denn z.B. in Chemie waren wir in ein und demselben Kurs eingeschrieben.

Eines schönen Tages kam ich morgens wie gewohnt zur Schule geradelt und hatte den Fahrradständer gerade erreicht als ich eine, bis dahin mir unbekannte, aber angenehme, weibliche Stimme vernahm, welche freundlich meinen Namen rief. Da es nicht allzu viele „Kläuse" in unserer Schule gab, bestand sogar die Möglichkeit, dass tatsächlich ich gemeint war. Mit großem Interesse drehte ich mich in die Richtung um, aus der ich die Ruferin vermutete und sah, zu meiner großen Verwunderung, eine Mitschülerin lächelnd auf mich zukommen.

„Guten Morgen Klaus, wie geht´s Dir?", fragte mich eine sichtbar gut gelaunte Hannah. Bevor ich verdutzt antworten konnte legte sie gleich nach.

„Hast Du schon gehört? Chemie fällt heute in der dritten und vierten Stunde aus! Da dachte ich mir, ich könnte Dich in der Zeit ins Bistro am Bahnhof auf einen Snack und ein Getränk Deiner Wahl einladen. Hast Du Lust?" Es schien mir so, als ob sie während ihrer Anfrage leicht errötete.

Wow, das nannte ich mal einen vielversprechenden Start in den Schultag. Gegen diese Art überrumpelt zu werden, hatte ich nichts einzuwenden. Selbstverständlich sagte ich zu und wir verabredeten uns, gleich nach der großen Pause gemeinsam ins Bistro aufzubrechen.

Vom Matheunterricht in den ersten beiden Stunden bekam ich nicht wirklich viel mit, so sehr war ich mit Vorfreude auf die überraschende Einladung durch Hannah erfüllt.

Endlich war es so weit, die Pause war vorüber. Meine Mitschülerin und ich machten uns zu Fuß auf den ca. 3-minütigen Weg in Richtung Bahnhof. Ich wusste anfangs nicht so recht über welche Themen wir uns unterhalten könnten, denn mir war bislang, außer ihrem Namen, nichts von ihr bekannt. Da Hannah zu Beginn das Gespräch nicht an sich riss, erzählte ich eben belangloses Zeug und hoffte, ihre Zurückhaltung würde sich bald legen. Schließlich hatte ja auch sie mich eingeladen.

Nachdem wir im Bistro einen schönen Tisch gefunden und von Kellner zwei Speisekarten ausgehändigt bekommen hatten, ermunterte mich meine Begleitung spendabel, dass ich mir alles aussuchen könnte, worauf ich gerade Lust hätte.

„Echt großzügig von ihr", dachte ich, wollte aber dann nicht gleich zu generös drauflos bestellen, wie ich es evtl. getan hätte, wenn ich selbst für mich zahlen würde.

So saßen wir gemütlich beisammen, speisten, tranken und hielten einen gepflegten Smalltalk. Als meine Gastgeberin das letzte Blatt ihres gemischten Salates verspeist hatte, bemerkte ich einen Hauch von steigender Nervosität in ihr aufkommen. Ich mochte mich eventuell täuschen, aber sie schien gerade dabei zu sein alle Kräfte zu bündeln, und sich ein „Herz zu fassen". Und, was soll ich sagen, das Gefühl täuschte mich nicht. Meine Spannung und Erwartung stiegen minütlich in unbekannte Dimensionen, denn solche Situationen standen bei mir wahrlich nicht häufig auf der Tagesordnung.

„Wann rückt sie endlich raus mit der Sprache? Und was genau will sie von mir?"

Und dann war es so weit, sie nahm all ihren Mut zusammen und sagte: „Duu, Klahaus, ich würde Dich gerne mal was fragen." Dabei zog sie die Betonung des Personalpronomens und meines Namens auffallend liebkosend in die Länge.

„Na, mach schon!", dachte ich ungeduldig bei mir. Gesagt habe ich aber freundlich: „Ja klar, Hannah, frag nur!"

„Also, ich weiß nicht, wie ich es ausdrücken soll…, Du kennst doch den Willi (Name geändert) aus der Stufe 13, …stimmt´s?"

„Häh??? Ja, den kenn ich."

„Wie ist denn der so? Ich muss gestehen, ich bin ziemlich verknallt in ihn. Aber ich weiß nicht, wie ich am besten an ihn rankommen kann…" Ihre Stimme glitt ins Hilfesuchende bzw. fast schon ins Verzweifelte ab.

„Der sieht soooo toll aus und lächelt immer soooo nett. Kannst Du mir nicht ein paar Tipps geben, wie ich seine Aufmerksamkeit bekommen kann? Ihr spielt doch zusammen Fußball, Du kennst ihn doch gut. Bitte erzähle mir etwas über ihn, welche Hobbys hat er, was mag er gerne, usw.?"

Okay, das war es, was mir dieses „Date" hier bescherte. Daher wehte der Wind.

Als so auskunftsfreudig wie es sich Hannah eigentlich erhofft hatte präsentierte ich mich allerdings nicht. Irgendwie war für mich „die Luft raus" aus unserem Treffen. Und da ich auch nicht wusste, wie mein „rechter Verteidiger" aus unserer Schoppenmannschaft auf eventuelle Plaudereien meinerseits gegenüber seiner Verehrerin reagieren würde, redete ich mich mit „eigentlich kenne ich ihn gar nicht so wirklich gut" raus. Das wiederum enttäuschte meine anfangs so spendable Mit-schülerin etwas, die Atmosphäre am Tisch kühlte ab und es bahnte sich ein baldiges Ende unserer Zusammenkunft an, obwohl wir uns zeitlich gerade erst am Ende der dritten Schulstunde befanden. Und da Chemie an diesem Tag mit einer Doppelstunde auf dem Plan stand, hätten wir sogar über 45 Minuten Gelegenheit gehabt uns besser kennenzulernen.

Hannah signalisierte dem Kellner ihre Absicht, nun Bezahlen zu wollen und gab mir beiläufig noch einen Rat.

„Du solltest Dich übrigens ruhig mal wieder rasieren. So sieht das jedenfalls scheiße aus!" Irgendwie fiel es mir schwer ihr für diesen wohlgemeinten Rat angemessen dankbar zu sein. Die Bedienung kam und präsentierte uns die Rechnung. Hannah kramte in ihrer Handtasche nach ihrem Portemonnaie, und kramte, und kramte, und kramte...

In kürzester Zeit lag der gesamte Tisch voll mit diversen Utensilien aus ihrem „Überlebens-Bag". Nur kein Portemonnaie!

„Oh, ich glaube ich habe es heute Morgen vergessen einzustecken. Klaus, könntest Du die Rechnung bitte übernehmen? Kriegst Du natürlich von mir zurück! Ist doch klar!"

Ich beglich den geforderten Betrag (den ich im Übrigen nie wieder zurückerstattet bekommen habe) und wir verließen die Lokalität, beide in unterschiedliche Richtungen.

P.s.: Wie sie das letztendlich geschafft hatte weiß ich nicht, aber Hannah und Willi waren tatsächlich kurze Zeit später ein Paar. Vielleicht musste sie nach mir noch den einen oder anderen Sportskamerad aus unserer Fußballmannschaft in ein Bistro einladen, um an die ihr so wichtigen Infos zu kommen. Wer weiß?

...auf dem Interstate Highway 101

Mit meinem amerikanischen Freund Tom erlebte ich drei grandiose und faszinierend spannende Tage in San Francisco so wie in San Raphael. Dort waren wir in dieser Zeit bei Freunden seiner Eltern untergebracht.

Nun, am Samstag, den 12.Juli 1980, begaben wir uns auf den langen Weg nach Arcata, Toms Heimatstadt, von „Frisco" aus gesehen ca. 500 km, in nördlicher Richtung gelegen. So gegen 10 Uhr morgens ging es los, das Wetter war zu der Zeit durch und durch vielversprechend, denn die Sonne schien von einem strahlend blauen Himmel herab. Wie sollte es auch anders sein, im <Sunshine State California>? Anfangs genoss ich diese freundlich-warmen klimatischen Bedingungen.

Tom rückte sich die coole Sonnenbrille auf der Nase zurecht, startete den Motor, stellte fest, wir würden mit der momentanen Benzinfüllung nicht mehr allzu weit kommen, und kündigte mir einen baldigen Tankstopp an. Allerdings hatte er irgendetwas gegen die ersten auf dem Weg liegenden Petrol Stations einzuwenden, so dass er noch eine längere Strecke weiterfuhr, bis ihm endlich eine Tankstelle zusagte. Inzwischen befanden wir uns bereits auf dem legendären <Interstate Highway No. 101>, welcher auf einer Gesamtlänge von 2478 km von Mexiko bis nach Kanada, immer schön an, oder zumindest in der Nähe von, der Westküste entlang verlief. Und wieder einmal – wie seit meiner Ankunft in den USA schon des Öfteren – versetzte mich etwas in ungläubiges Erstaunen. Die von Tom auserwählte Tankstelle befand sich nämlich auf der anderen Seite des Highways, also an den Fahrspuren, die in die Gegenrichtung führten. Was aber meinen Kumpel nicht im Geringsten davon abhielt einmal quer über die Autobahn nach links abzubiegen, die Gegenfahrbahn locker zu überqueren, um so zur Petrol Station zu gelangen. Auf meine Einwände, was das für eine verkehrswidrige Aktion gewesen sei, antwortete Tom nur schulterzuckend: „das macht man hier so!" Und er hatte erstaunlicherweise sogar recht damit. In diesem Abschnitt war die 101 nämlich ein stinknormaler Highway. Das bedeutete, er sah zwar so aus wie eine Autobahn, man durfte auch so schnell fahren wie auf einer Autobahn, aber es war keine richtige solche. Es konnten zuweilen Kreuzungen, Verkehrsinseln, Abbiegemöglichkeiten und Ampeln auftauchen. Der <Interstate Highway> mit der Nummer 101 wechselte in seinem Verlauf mehrfach seinen Status. Mal war er eine einfache Country Road, auf vielen Passagen hatte er sich zu einem respektablen Highway (siehe oben) weiterentwickelt, aber überwiegend fristete er sein Dasein als ausgewachsener Freeway, der Königsklasse unter den amerikanischen Autobahnen. Auf den High- und Freeway-Passagen galt eine zulässige Höchstgeschwindigkeit von 55 mph, was ca. 88 Stundenkilometern entsprach.

Tom hatte abschließend den Lerninhalt der letzten Viertelstunde nochmals verkürzt und passend zusammengefasst: „Jeder Freeway ist ein Highway, aber nicht jeder Highway ist ein Freeway!" Das hatte ich dann verstanden. Was ich nicht verstanden hatte, war, warum es gerade diese Tankstelle in Gegenrichtung sein musste, nachdem wir vorher an mindestens 5 möglichen Stationen auf unserer Straßenseite leichtsinnig vorbeigerauscht waren. Egal…

Nachdem unsere Ziele in den letzten 3 Tagen stets – von San Raphael aus gesehen – in südlicher Richtung lagen, bewegten wir uns nun erstmals für mich gen Norden. Und zwar immer dem grünen Schild mit der Aufschrift <101 Eureka> folgend. Jedes dieser grünen Schilder trug auch das Wappen von Kalifornien, auf welchem ein brauner Bär (Symbol für Kraft und Freiheit) gerade über eine grüne Wiese schlendert. In der linken oberen Ecke leuchtet ein roter Stern! Ja, ein roter, fünfzackiger Stern! Den hatte ich hier in den USA eigentlich nicht erwartet. War das nicht ein Symbol des Bösen? Des Kommunismus?

Wie ich aber von Tom erfuhr, hieß der Stern <Lone Star> und stammte aus der Zeit der ersten kalifornischen Autonomiebewegung von 1836. Unter der grünen Wiese stand in großen Buchstaben <California Republik>, und diese Lettern befanden sich über einem dicken roten

Balken, welcher die Grenze zu Mexiko symbolisieren sollte.

Bald schon war es vorbei, mit meiner Freude über das „gute" Wetter. Denn im Laufe des Vormittags wurde es immer heißer und heißer, bis das Thermometer in Toms Auto satte 115 Grad anzeigte. Ok, das waren natürlich Grad Fahrenheit, aber das bedeutete immerhin auch kuschelige 45 °Celsius. Obwohl wir beide Seitenfenster komplett heruntergekurbelt hatten, brachte der einströmende Fahrtwind nicht die erhoffte Abkühlung. Dazu war die Luft draußen inzwischen definitiv viel zu heiß geworden.

Die Gegend direkt nördlich von San Francisco empfand ich als eher öde und langweilig. Links und rechts der Straße erstreckte sich flaches Land, meist sogar ohne Bäume oder sonstiger Vegetation. Ab und zu konnte man eine gigantische Industrieanlage bewundern, aber wer mochte das schon?

Ein paar Meilen weiter sah man in weiter Ferne interessante Bergformationen. Das waren die Weinberge des bekannten kalifornischen Anbaugebietes Napa/Sonoma. Aber richtig zu sehen gab es dort nichts, denn dazu lag dieses Gebiet viel zu weit von unserer Straße entfernt, im Landesinneren.

Bis wir endlich in Sichtnähe der Küste kamen verging eine beachtliche Zeit, und es floss eine Menge Schweiß an unseren Körpern herab. Wie gesagt, es wurde immer heißer. Unerträglich heiß. Es folgte ein Streckenabschnitt, an welchem beidseits der Straße zahlreiche dieser riesengroßen

Werbetafeln postiert waren, welche ich aus den einschlägigen amerikanischen Filmen kannte. Die Plakate zeigten extrem bunte, mehr oder weniger geschickte, aber in jedem Fall aufmerksamkeitserregende Bilder, die mich als deutschen Autofahrer doch unzweifelhaft in meiner Konzentration auf den Straßenverkehr negativ beeinflusst hätten. Für mich waren diese Werbetafeln jedenfalls ein ganz typisches, unverwechselbares Zeichen dafür, dass ich mich in Amerika, dem sogenannten „Land der unbegrenzten Möglichkeiten" befand.

Im Laufe der Fahrt überkam mich mal wieder eine bleierne Müdigkeit, die ich immer noch auf den Jetlag zurückzuführte. Rasch wurde die Lehne meines Sitzes in die Horizontale gedreht und ich machte es mir gemütlich, soweit das bei diesen Temperaturen überhaupt möglich war. Und geschwind fiel ich in einen tiefen, geruhsamen Schlaf. Als ich wieder erwachte waren wir, dank Tom, erneut ein bedeutsames Stück vorangekommen. Aber heiß war es dort auch …

Der Interstate Highway No. 101 verlief teilweise sogar mitten durch Ortschaften. In diesen Passagen war er dann vergleichbar mit einer deutschen Bundesstraße. Ebenso im Bereich von Laytonville, einem relativ überschaubaren, unbedeutenden Ort auf unserem Weg. Als wir diese Kleinstadt passierten fiel uns ein Mann am Straßenrand auf, welcher eine schon deutlich abgewetzte gräuliche Kordhose (und das bei dieser Hitze!), ein leicht verschlissenes grünes Hemd, Sandalen und einen auffällig löchrigen Strohhut trug. Letzterer bedeckte die schütteren grauen Haare nur spärlich. Die Gesichtszüge der Person waren auf den ersten Blick sympathisch, seine Haut leicht faltig und von Wind und Wetter „gegerbt". Der Mann saß auf dem Boden und hielt seinen Daumen nach schräg oben.

„Aha, ein Tramper", kam es mir in den Sinn. Tom gingen wohl ähnliche Gedanken durch den Kopf und er stoppte seinen Toyota genau neben dem Hitchhiker, wie man diese Leute in den USA nennt. Tom fragte ihn, wohin er denn wolle, und bekam die Antwort: „To Fortuna!" Natürlich überraschte mich dieser Wunsch, denn ich dachte spontan an den gleichnamigen Düsseldorfer Fußballclub. Der Tramper sah durchaus etwas ungepflegt und verwahrlost aus, aber für so heruntergekommen, dass er nur noch den Namen seines Lieblingsvereins vor sich hin stammeln konnte, hielt ich ihn nicht. Oder war er eventuell gar ein ver(w)irrter Rheinländer, dem einfach nur die kalifornische Hitze zu stark zugesetzt hatte? Tom sagte ihm er könne gerne mitfahren, da wir in Fortuna vorbeikommen werden. Und ich bekam die nächste Lektion beigebracht, und zwar in der Disziplin kalifornischer Geografie. Fortuna war nämlich eine ca. 9.000-Einwohner-Stadt im Humboldt County, am schönen Eel River und ca. 30 Km südlich von unserem Zielort Arcata gelegen. Wieder was gelernt!

Wir stellten uns einander vor und erfuhren, dass der Zugestiegene auf den Namen Sam hörte. Sein Gepäck, bestehend aus einem Zwischending zwischen Stoffumhängetasche und Rucksack war schnell auf dem Rücksitz neben ihm verstaut, und wir konnten die Fahrt fortsetzen. Der arme Sam (übrigens kein Anhänger des Düsseldorfer Fußballclubs) saß bereits mehrere Stunden bei diesen fast schon lebensfeindlichen Temperaturen in Laytonville fest. Er war erschöpft und ausgelaugt. „Ausgebrannt" wäre auch noch eine passende Umschreibung gewesen. Wir gönnten ihm eine kleine Verschnaufpause. Dann, etwas später wollte Tom von Sam wissen, was er denn nun gerade in Fortuna zu tun gedenke. Sams Antwort war spannend und sehr berührend. Er erzählte uns, er sei einst in Fortuna zur Welt gekommen und aufgewachsen. Irgendwann wurde ihm die Welt dort aber zu klein. Und so kam es, dass er den Beschluss fasste, an seinem 16. Geburtstag heimlich, und ohne Abschiedsbrief, aus dieser Enge auszubrechen, und – wahrscheinlich für immer – von zuhause abzuhauen. Ferner schilderte er uns ausführlich, wie er an jenem Morgen auf Zehenspitzen aus dem Haus schlich, und seitdem nie wieder nach Fortuna zurückkehrte. Er kam viel und weit rum, unter anderem nach Mexiko und Kanada. Er besuchte die Ostküste und reiste durch fast alle Bundesstaaten der USA, sogar bis nach Alaska. Überall hielt er sich mit Gelegenheitsjobs über Wasser und schlug sich irgendwie durch.

Seine Geschichte berührte mich. Besonders die ruhige Art und Weise, wie er anfangs seine Erlebnisse schilderte. Aber es fiel auch auf, dass er im Laufe seiner Erzählungen, je näher er an die

Gegenwart herankam, immer emotionaler wurde. Eine Art verunsicherter Spannung stieg in ihm auf. Sam machte plötzlich eine längere, nachdenkliche Pause. Diese nutzte Tom zu zwei Fragen, die sich uns beiden in selben Moment aufdrängten.

„Wie lange warst du denn insgesamt unterwegs? Und warum willst Du jetzt doch wieder nach Hause zurück?"

Was jetzt kam war der Hammer. Sam schluchzte nur und gab uns zu Protokoll: „Insgesamt 16 Jahre lang, und zwar auf den Tag genau!" Tom und ich sahen uns irritiert an, rechneten geschwind im Kopf nach, und gratulierten ihm spontan zu seinem 32. Geburtstag. Der Jubilar fand, dass dieser Tag ein guter Tag sei, um mal wieder zuhause vorbeizuschauen. Er wusste obendrein überhaupt nichts über das Leben seiner Familie in den letzten 16 Jahren. Er wollte nun endlich wieder wissen, wie es seinen Eltern geht, was aus seinen Geschwistern geworden ist und was sich in Fortuna in der Zwischenzeit alles ereignet hatte. Viele Fragen geisterten in seinem Kopf umher. Und mich interessierte noch, nachdem er schon so viel herumgekommen war, wo es ihm denn insgesamt am aller besten gefallen hatte. Und auch da verblüffte uns seine Antwort.

„Am schönsten war es eigentlich zuhause, in Fortuna!" ließ er uns wissen, und dann schluchzte er erneut herzzerreißend.

„Dazu habe ich allerdings lange gebraucht, um das zu erkennen. Mein halbes bisheriges lang!"

Unaufhaltsam näherten wir uns seinem Sehnsuchtsort. Ich glaube, nicht nur mich beschäftigte auf den letzten Kilometern hauptsächlich die Frage, wie wohl sein damaliges familiäres und freundschaftliches Umfeld – das er ja seiner Zeit durch sein plötzliches Verschwinden ratlos und verzweifelt zurückgelassen hatte – auf seine überraschende und unerwartete Heimkehr reagieren wird. Ich hätte es außerordentlich prickelnd gefunden, wenn wir ihn bis direkt vor die Haustüre seines Elternhauses gebracht, und auf der Straße stehend abgewartet hätten, wie die Reaktion seiner Mom und seines Dads ausfallen würde. Aber, erstens meinte Sam, wir sollten ihn am besten gleich am Ortseingang von Fortuna rauslassen, und zweitens war Tom, nach inzwischen knapp sieben Stunden Fahrt in diesem Brutkasten, nachvollziehbarerweise, entschieden dafür, die letzten 30 Km zügig hinter uns zu bringen, und auf einen längeren Zwischenstopp in dieser Konstellation zu verzichten.

So verabschiedeten wir uns von Sam bei einem kurzen Halt am Straßenrand, also in einer ähnlichen Situation wie wir ihn ein paar Stunden zuvor kennengelernt hatten. In der verbleibenden Reisezeit nach Arcata war es auffallend still in unserem Auto. Wir waren beide in unseren Gedanken intensiv bei Sam. Bei Tom konnte ich das natürlich nur vermuten, bei mir wusste ich es ganz genau…

41

... in Italien

Skeptisch waren wir alle, ob das gut gehen konnte in Christines kleinem Opel.

Die zurückzulegende Strecke war schon enorm lang. Genauer gesagt, von Siena, in der Toskana, bis nach Kelkheim im Taunus. Und das zu viert, inklusive reichlich Gepäck. Zusätzlich war Stefan der Meinung, dass der Wagen nicht so ganz in Ordnung wäre, um derartige Strapazen auf Dauer aushalten zu können.

Also gut, Nele und ich hatten im Prinzip nicht unbedingt etwas dagegen, in der Nähe von Bologna auszusteigen, uns an den Straßenrand zu stellen und den Rest der Strecke mit „erhobenem Daumen" hinter uns zu bringen. Wir hatten schließlich noch ein paar freie Tage und so eine Tramp-Tour durch halb Europa versprach unter Umständen auch recht abenteuerlich werden zu können. Wir waren jung und brauchten das Geld, das wir sparten, wenn wir nicht den Zug nahmen.

Aber nun mal von Anfang an. Es war im Juli 1984 und für meinen Sommerurlaub ergab sich kurzfristig die folgende Möglichkeit: Christine und Stefan fuhren für 3 Wochen in die Toskana. Sie hatten dort, zusammen mit Christines Eltern, ein Ferienhäuschen gemietet. Und in der dritten Woche – in der Zeit, in der ich rein zufällig Urlaub hatte – stand dort noch zusätzlicher Platz zur

Verfügung, denn die Eltern waren nur für die ersten beiden Wochen vor Ort. So wurden Nele und ich gefragt, ob wir nicht Lust verspürten für ein paar Tage auf Besuch zu kommen. Dieses Angebot war großartig, da konnten wir nicht „nein" sagen! Wir reisten per Bahn nach Florenz, und verbrachten sechs wunderschöne Tage mit Christine und Stefan in einer Ferienanlage in der Nähe. Bezüglich der Rückfahrt hatten wir abgesprochen, dass wir ausprobieren wollen, ob das mit uns allen im Kleinwagen aus Rüsselsheim, auf einer solch langen Strecke funktionieren würde. Ansonsten stünden für Nele und mich alternativ die Bahn, oder das Trampen zur Debatte.

Von unserer Ferienanlage aus kamen wir noch alle zusammen bis nach Bologna, und spätestens dann war uns klar, dass die gemeinsame Fahrt hier ihr Ende finden musste. Zu eng bzw. unbequem war die Situation für die Insassen des Opels und zu belastend auch für das arme Fahrzeug selbst. So viele Leute, so viel Gepäck, und damit über die Alpen, nein, das konnte ihm nicht zugemutet werden.

Nele und ich wollten nun unser Glück mit Trampen versuchen und wählten überein-stimmend die abenteuerlichere Variante. Stefan setzte uns an einem Autobahnparkplatz ab, wir verabschiedeten uns herzlichst und begaben uns auf eine Challenge mit äußerst ungewissem Ausgang. Das brachte das Trampen so mit sich. Es konnte einfach nicht abgeschätzt werden, welche Dauer man für eine solche Strecke einplanen musste. Aber wir hatten ja Zeit. Eine weitere Frage war auch immer, wo wohl die jeweils nächste Übernachtung stattfinden würde. Stets eine ganz spannende Geschichte…

Wir hatten uns zwar ein schattiges Plätzchen auf dem Rastplatz ausgewählt, um unsere Daumen in den Wind (wie es einst der gute Udo Lindenberg auf seiner ersten deutschsprachigen LP so romantisch besungen hatte) zu halten, aber bei Temperaturen von ca. 40 °C war der Aufenthalt selbst außerhalb der Sonne eine Qual. Und von wegen „Daumen in den Wind" halten. Luftbewegungen dieser Art gab es schlichtweg nicht, auf dem mega-hektischen Autobahnparkplatz, mitten in Italien. So waren wir heilfroh, nicht zu lange dort schmoren zu müssen. Unser erster Chauffeur war ein – wen wundert´s? – Italiener. Er war nicht allzu groß, dafür reichlich korpulent, so wie unheimlich gesprächig, und zwar mit Händen und Füßen, so wie auf Italienisch oder alternativ in kaum verständlichem Englisch. Sein Mitteilungsbedürfnis schien grenzenlos zu sein. So erfuhren wir z.B. sehr bald, dass er 40 Jahre alt, als Polizist in Mailand tätig, und gerade aus dem Urlaub kommend, auf dem Weg nach Hause war. Die Ferien verbrachte er irgendwo am Meer mit seinem eigenen Boot. Dieses Boot befand sich auf einem Anhänger, der hinten an das Auto angekoppelt war. Das Monstrum fiel mir bereits auf dem Parkplatz auf denn man konnte es gar nicht übersehen. Ich fragte mich noch, wie schwierig das wohl sein mochte ein Auto mit einem derartig großen Anhänger sicher durch die impulsiv geprägten

Verhältnisse im italienischen Straßenverkehr zu manövrieren. Insbesondere in den dortigen Großstädten stellte ich mir das als ausgesprochen ambitionierte Herausforderung vor. Also, eines merkte ich gleich auf unserer gemeinsamen Reise, allzu schnell kamen wir nicht voran. Auch sein Auto hatte schwer zu schleppen und zu kämpfen. Fast so wie Christines Opel. Ich bildete mir ein es geschmeidig keuchen und stöhnen zu hören. Meist jedoch hörte ich den kommunikativen Mailänder babbeln der damit das Ächzen des Fahrzeugs übertönte.

Nele hatte es besser als ich. Sie saß hinten und bekam deswegen nicht alles vom Redeschwall des Fahrers mit. Da er sich gelegentlich zu ihr umdrehte, war sie immerhin etwa 55-60-prozentig informiert. Bei jedem „nach hinten Blicken" kam der Wagen etwas aus der Spur und fing an zu schlingern. Den Herrn Polizisten störte das wenig, denn das, was er gerade zum Besten gab, musste ja schließlich unbedingt mal gesagt werden!!

Mir dagegen wurde jedes Mal richtig mulmig zumute, wenn ich spürte welche Mühe sich der Boots-Anhänger dann immer geben musste wieder ins Gleichgewicht zu kommen. Hinzu kam, dass das Fahrzeug nicht gerade das allerneueste Modell war und somit zudem nicht über eine Klimaanlage verfügte. Um den „Dahin-schmelz-Tod" doch noch zu entgehen, fuhren wir eben mit geöffneten Seitenfenstern. Einerseits zog es dadurch zwar enorm, andererseits war es anders aber nicht zu machen, bei diesen hohen Temperaturen. Die Sonne drückte gnadenlos und raubte jegliche

Möglichkeit klare Gedanken zu fassen. Wir transpirierten alle auf Hochtouren! Besonders aber der Italiener. Plötzlich meinte er zu mir ich solle mal diese größere Box öffnen, welche sich vor dem Beifahrersitz auf dem Boden befand und meine Beinfreiheit schon die ganze Zeit über erheblich einschränkte. Bei diesem Kasten handelte es sich um eine Kühlbox. Das ließ mein Herz höherschlagen, denn ich erkannte während des Öffnens ausgesprochen rasch, dass sie randvoll mit Getränkeflaschen gefüllt war. Eine angenehm kühle Atmosphäre herrschte in der Kiste zudem. Der Polizist deutete auf eine bestimmte Flasche und mir war so, als würde er mich darum bitte ihm ein Glas davon zu überreichen. Ein wenig irritierend fand ich allerdings, dass es sich bei dem zielsicher gewählten Getränk um eine Flasche Wein handelte. Fassen wir zusammen. Es war ca. 13:00 Uhr mittags, wir fuhren mit einem Polizisten bei gefühlten 120°C (ok, in Echt waren es nur knapp über 40°C) in einem Auto, mit Bootsanhänger über die italienische Autobahn und der Fahrer wollte gerade jetzt in diesem Moment Wein trinken. Gewöhnungsbedürftige Situation. Für mich jedenfalls. Was sollte ich tun? Er bot uns selbstverständlich auch ein Gläschen an. Neles Ablehnung akzeptierte er sofort, aber ich musste mit ihm anstoßen. Darauf bestand er. Er vertrat ja schließlich das Gesetz. Und diesem widersetzte man sich nicht. Ich willigte verlegen ein. Die Flasche behielt er bei sich (während der Fahrt), klemmte sie sich zwischen die Beine und goss sich stets munter nach, wenn er seinen Becher ausgetrunken hatte. Und er hatte reichlich Durst. Kein Wunder bei diesen äußeren Bedingungen. Mir wurde immer merkwürdiger zumute. Hilflos blickte ich nach hinten zu Nele. Sie war der Verzweiflung nahe. Aber was konnten wir ändern. Wir waren mitten auf der Autobahn und es gab weit und breit keinen Parkplatz, oder etwas Ähnliches, also keine Möglichkeit das Fahrzeug zu verlassen.

Je mehr er trank umso lauter wurden seine Monologe. Ich dachte bei mir, wenn ich jetzt einiges von dem Wein selbst trinke, dann kriegt er nicht so viel davon ab.

„Wenn ich hier angetrunken bin, ist das nicht so schlimm. Dieses Opfer muss ich nun einfach bringen."

Mir war mittlerweile sehr eigentümlich in der „Birne", nach zwei Bechern italienischen Rebensaftes. Ich opferte mich und leerte den Rest der Flasche in meinen Becher. Unser Fahrer fand das gut und ordnete mir an die Box erneut zu öffnen. Ich dachte und hoffte nur, um die leere Flasche wieder hineinzustellen. Nein, er zeigte auf die nächste Weinflasche. Der wäre überdies bemerkenswert lecker, meinte er. Den möchte er nun kredenzt bekommen. Ein wahrer Weinkenner! Also entkorkte ich die nächste Flasche und wieder griff der Italiener (inzwischen kannten wir sogar seinen Namen. Er hieß – wen wundert´s? – Luigi!) beherzt nach derselben und klemmte sie sich abermals zwischen die Beine. Es schien fast so, als ob er sicher gehen wollte, diesmal mehr davon abzubekommen. Er konnte doch nicht alles dem fremden deutschen Beifahrer überlassen. Luigi war bestimmt nicht geizig, und er gönnte mir meinen Anteil, aber auch er sollte nicht zu kurz kommen. Außerdem sollte man ja schließlich viel trinken, wenn es heiß war, oder?

Uns wurde immer seltsamer und unheimlicher zumute. Zwischendurch kam mir ein Gedanke in den Sinn, der mir gar nicht gefiel, und zwar dass ich da anfangs evtl. etwas missverstanden haben könnte. Die Konversation mit Luigi gestaltete sich von je her etwas schwierig, da wir uns in einer Art holprigen „Italo-Englisch" zu verständigen versuchten. Also nur mal angenommen – so mein Gedanke – ich hätte seine ersten Sätze in der Vorstellungsrunde nicht ganz korrekt übersetzt, dann könnte es ja sein, er war gar nicht von der „Policia". Unter Umständen wollte er uns nur sagen, dass er von der Polizei gesucht wurde, und ich Trottel habe verstanden, er sei einer von denen. Was dann? Ich verwarf diesen Gedanken lieber mal wieder.

Wir sehnten die Ankunft in Mailand herbei damit dieser Horrortrip endlich ein Ende habe. Aber das waren noch stattliche 100 Km bis zu dieser italienischen Großstadt.

Und einige Zeit später wurde es zunehmend gruseliger. Denn plötzlich, auf der Höhe von Parma – während sich unser Carabinieri gerade zum wiederholten Male ein Gläschen des köstlichen Vino bianco eingoss – vernahmen wir ein lautes, sehr unangenehm klingendes Geräusch! Ein Schlag, ein lautstarker Knall, das Auto geriet deutlich spürbar ins Schlingern und Luigi legte die Stirn in Falten. Zum einen hatte er etwas vom guten Wein verschüttet und zweitens blickte er sorgenvoll in den Rückspiegel. Er fluchte heftig auf Italienisch (ich verstand allerdings nur einige verzweifelte „Mamma mias"), setzte seinen Blinker und steuerte den Seitenstreifen an. Das Fahrzeug wurde zwischenzeitlich besorgniserregend hin und her gewuchtet und der Fahrer musste reichlich Kraft aufwenden um es entsprechend zu bändigen. Ich versuchte, mich einfach nur irgendwo festzuhalten. Erst als wir endlich zum Stehen kamen konnte ich darüber nachdenken, was denn gerade geschehen war. Luigi riss sofort die Tür auf und verließ den Wagen. Ich rief Nele ein: „los, nix wie raus hier!" zu. Als ich die Tür öffnete traute ich meinen Augen nicht. Da rollte gerade – in voller Geschwindigkeit – völlig losgelöst, ein herren- bzw. achsenloses Auto-Rad an mir vorbei. Erst raste es noch ein Stück weit geradeaus, bog dann nach links ab, schoss quer zwischen den Autos hindurch über die ordentlich befahrene vierspurige (also vier Spuren in jede Richtung, wohlgemerkt!) Autobahn und blieb mitten auf der Überholspur liegen. Alle nachfolgenden PKW mussten stark abbremsen und es grenzte schier an ein Wunder, dass es keine Massenkarambolage zur Folge hatte. Naja, wenigstens wäre die Polizei bereits direkt an Ort und Stelle gewesen. Wenn auch ein wenig alkoholisiert, aber immerhin sofort da, wo man sie brauchte!

Zwei Fragen beschäftigten mich in diesem Moment überdurchschnittlich. Erstens, was geschah hier gerade? Und dann hätte ich noch gerne gewusst, wo denn dieses mysteriöse Rad auf einmal hergekommen war, welches mich beim Aussteigen so frech rechts überholt hatte. Für beide Fragen erhielt ich umgehend eine Antwort. Es trug sich folgendermaßen zu. Aus irgendwelchen mir nicht bekannten Gründen lösten sich die Muttern von einem der Räder des Bootsanhängers. Das war der Schlag und die Ursache dafür, dass wir ins Trudeln gerieten. Das Rad löste sich von der Achse und rollte unaufhaltsam allein weiter vor sich hin. Das war die Ursache dafür, dass, als ich das Auto verließ, ein Rad fröhlich an mir vorbeirauschte. Luigi hatte schon vorher irgendwie durchschaut, was passiert war. Er fluchte weiter intensiv vor sich hin, natürlich sehr gestenreich und auf Italienisch. Aber was dann kam verschlug mir echt die Sprache. Er machte sich doch tatsächlich auf den Weg und überquerte – bei fließendem Verkehr – diese stark frequentierte Autobahn zu Fuß. Zwischendurch musste er mal kurz, mitten auf der Fahrbahn anhalten, bevor er weiterlaufen konnte, denn so mancher Fahrer rechnete nicht mit ihm, „mitte uff de Gass", wie wir daheim in Hessen dazu sagten. Die Hupsignale und die Beschimpfungen einiger aufgebrachter Autofahrer wurden immer lauter. OK, wir waren in Italien, aber trotzdem, es nahm beängstigend gigantische Dimensionen an. Nele und ich standen fassungslos an der Seite und starrten gebannt auf die Autostrada. Was würde passieren, wenn man ihn überfährt, in seinem angetrunkenen Zustand? Nicht auszudenken! Ich hatte ja inzwischen einiges an Alkohol intus, aber ab diesem Zeitpunkt war ich wieder so gut wie nüchtern. Oder war es nur ein Schock? Egal, es zählte nur, wie weit wird Luigi kommen? Eigentlich war mir sonnenklar, dass dieses Unterfangen überhaupt nicht gut gehen konnte. Okay, er war die Polizei, aber...! Das nützt normalerweise in solch grotesken Situationen auch nichts. Vor allem nicht bei über 40°C, nach einer und einer halben Flasche Wein. Nele schloss ihre Augen und drückte sich fest an meine Schulter. Sie konnte das nicht mehr länger mit ansehen. Luigi, der Superman, schaffte es doch tatsächlich, lebend und unverletzt, bis zur Mittelleitplanke zu gelangen. Da stand er nun, hielt das abtrünnige Rad wieder in seinen Händen und wartete auf Lücken im Verkehr, um auf den Standstreifen zurückkommen zu können. Ganz ehrlich, wäre eine solche, absonderliche Situation in einem Kinofilm zu sehen gewesen, käme mir das reichlich übertrieben und überzogen vor. Wir hätten über die erstaunliche und beispiellose Fantasie des Filmemachers gestaunt, stimmt´s?

Aber wir waren mittendrin, in diesem Albtraum. Luigi schien allerdings in seinem bisherigen Leben reichlich gute Taten vollbracht, und sich dadurch einen schier unendlichen Kredit bei seinen Schutzengeln verdient zu haben.

Es grenzte durchaus an ein Wunder, dass er, erstens unversehrt zur Mittelleitplanke und wieder zurückgelangen konnte, und zweitens keine plötzlichen Bremsmanöver der nachfolgenden

Autofahrer – mit diversen Auffahrunfällen als Folge – auslöste. In meinem Gehirn spielten sich apokalyptische Szenen eines flammenden Infernos ab. Aber wie bereits erwähnt, Luigis Schutzengel leisteten wahrlich ganze Arbeit und so schafften sie es tatsächlich das Rad wieder zu beschaffen. Die Wiederanbringung an den Anhänger gestaltete sich deswegen schwierig, da wir schließlich die letzten 500 Meter nach den verlorengegangenen Radmuttern absuchen mussten. Die eine oder andere konnte ich sogar finden. So kam es, dass wir die folgenden ca. 25 Km bis nach Mailand im Schneckentempo – mit Warnblinker im Dauer-modus – auf dem Seitenstreifen dahinschlichen. Mit nur ca. der Hälfte der Radmuttern am An-hängerrad sollte man es mit der Geschwindigkeit nicht mehr übertreiben. Das war selbst Luigi klar.

Auf den Schreck der letzten Stunde und die gehörige Aufregung musste unser Fahrer erstmal wieder ein Gläschen trinken. Ich stieg für diesen Tag aus dem Alkoholverzehr aus.

Nele äußerte sich übrigens schon seit geraumer Zeit überhaupt nicht mehr zu unserer Situation. Ich glaube sie befand sich in einer Art Schockstarre. Das nächste Lebenszeichen von ihr vernahm ich als wir Luigis Auto, kurz vor Mailand, verließen. Die Erleichterung, dass wir diese haarsträubend schauerliche Fahrt überlebt hatten, und dass zusätzlich auch kein anderer zu Schaden gekommen war, machte uns für einen Moment lang glückselig. Wir umarmten uns innig.

Danach schauten wir uns um, und sondierten die Lage. Luigi hatte gesagt, dass er einen idealen Platz kenne, an dem er uns aussteigen ließe. Von da aus kämen wir bestimmt gut weiter.

„Wo sind wir denn hier gelandet?"
Wir befanden uns mitten in einer Verbindungsabfahrt zwischen zwei Autobahnen auf einem gigantischen Autobahnkreuz. Direkt neben dieser Abfahrt befand sich eine relativ große Abfalldeponie. Ein Wegkommen zu Fuß war nicht möglich. Wir mussten definitiv weitertrampen, wenn wir diesen Ort, an dem es übrigens von Minute zu Minute strenger nach Müllkippe roch, jemals wieder verlassen wollten.

Allerdings hatten wir beide inzwischen doch ein intensives Hungergefühl in unseren Mägen gespürt. Wir ließen uns auf einem großen Stein, inmitten von abgeladenem Unrat nieder, um unser Abendmahl einzunehmen. Nele hatte am Morgen extra noch Proviant für unsere Rückfahrt eingekauft. Ich war richtig hungrig nach der ganzen Aufregung des Tages und gespannt, was mir meine liebe Begleiterin gleich kredenzen werde.

Okay, die beiden Wasserflaschen, die sie aus-packte, fanden meine spontane Zustimmung. Was dann aber folgte war ernüchternd. Alles, was wir zu essen dabei hatten war ein Glas Nutella und eine Packung Löffelbiskuits. Letztere sollte ich dann in die Nuss-Nougat-Creme tunken und danach genüsslich vernaschen. Und ich hätte so gern etwas Herzhaftes gehabt…! Aber da ich Nele ebenfalls gern hatte aß ich die extrem süßen Biskuits mit der noch süßeren Creme, ohne zu murren. So wurde dieses Dinner für uns, ein auf Lebzeiten unvergessliches Ereignis, sowohl kulinarisch als auch vom Ambiente her. Die Uhr zeigte inzwischen 18:30 Uhr und wir waren gesättigt als es langsam darum ging sich auf eine mögliche Fortsetzung unserer Reise vorbereiteten. Wir wussten nicht so genau wie das in Italien gehandhabt wurde, aber in Deutschland durfte man als Autofahrer an dieser Stelle nur in absoluten Not- oder Pannen-situationen halten. Und Tramper hatten dort schon überhaupt nichts zu suchen. In diesem Moment fand ich bei genauerer Betrachtung die Idee von Luigi uns gerade hier aussteigen zu lassen nicht perfekt. Das wurde in Italien anscheinend ganz anders gesehen.

Tatsächlich, es dauerte wirklich nur wenige Minuten, da hielt eine grüne „Ente" an, und die junge, etwas alternativ angehauchte Fahrerin fragte uns etwas auf Italienisch, vermutlich ob wir nicht Lust hätten sie zu begleiten. Diese Frage war umgehend geklärt. Jetzt galt es – von nun an auf Englisch – herauszufinden wie weit sie uns mitnehmen konnte. Es war möglicherweise meines bis dahin überdurchschnittlich hohen Alkohol-konsums des Tages geschuldet, dass ich, als mich unsere Mitnehmerin fragte, wo wir denn hinwollten, spontan „Kelkheim" sagte, worauf sie mich fragend ansah. Nele rettete die Situation und erklärte, dass wir ein Weiterkommen in Richtung Norden anstrebten. Am besten nach Como. Ja, das würde sich gut treffen, denn sie führe zufällig sogar in diese Richtung und könne uns so ca. weitere 100 km mitnehmen, sagte uns die freundliche Fahrerin des Citroen. Wir waren überaus entzückt und erlebten zusammen eine lustige Fahrt, da eine prächtige Unterhaltung entstand und sehr viel gelacht wurde. Nur Wein gab es in diesem Fahrzeug leider nicht. Dafür hielten aber die Radmuttern…

Kurz vor Como hielt Gianna, so hieß die nette Person, die uns in der Mailänder Müllkippe auflesen hatte, am Straßenrand an, wir verabschiedeten uns dankbar und stiegen aus. Gianna fuhr weiter und winkte uns noch außergewöhnlich lange zu, indem sie ihren Arm aus dem Fenster streckte und dabei wild ihre Hand schüttelte, und zwar so lange, bis ihr Fahrzeug hinter dem Horizont, in Richtung der norditalienischen Abendsonne verschwand. Auch wir winkten, allerdings nicht so lange wie sie. Irgendwann tat mir die Hand weh…

Wir beschlossen, dass wir an diesem Tag nicht mehr weitertrampen, sondern uns hier in der Nähe einen geeigneten Schlafplatz suchen wollten. Das Wetter war bestens, es war warm und sah in keinster Weise nach Regen aus. So einigten wir uns darauf irgendwo in der Umgebung nach einem kuscheligen Plätzchen umzusehen und es für heute gut sein zu lassen.

Gerade als wir uns umblickten, wo wir uns denn nun befanden, hielt der nächste Wagen neben uns an.

„Oh, da will uns wohl wieder ein mitfühlender Mensch zwei Plätze in seinem Auto anbieten", dachte ich noch hocherfreut, doch da stiegen zwei dunkel dreinblickende Herren aus, setzten sich jeweils eine Mütze mit einer Art Sheriff-Stern auf ihren Kopf und schritten energisch auf uns zu. Es waren zwei Carabinieri, also italienische Polizisten, welche uns mit vorwurfsvollem Tonfall ansprachen.

„No Italiano, only English", erwiderte ich erwartungsfroh die Begrüßung des Haupt-Sheriffs. Der Polizist zog einen Block und einen Stift aus seiner Tasche und begann etwas Wichtiges zu notieren. Dann wollte er auch gleich unsere „documents or passports" sehen. Während uns der Beamte erklärte, dass wir uns als Fußgänger gerade mitten auf der Autobahn befanden, und dies in Italien strengstens untersagt sei, stand sein Kolleg leicht versetzt hinter uns und sicherte – mit der Hand an der Dienstwaffe – die Lage ab. Es war eine ungeheuer beklemmende Situation, da die beiden Uniformierten deutlich zu verstehen gaben, dass sie gerade keinen Spaß verstanden. Sie waren – irritierenderweise – auch nicht alkoholisiert. Wir versuchten beschwichtigend zu argumentieren, wir seien gerade hier abgesetzt worden und wollten die Autostrada auf schnellstem Wege unverzüglich verlassen, aber es half alles nichts. Man verpasste uns beiden je einen Strafzettel, den wir gleich an Ort und Stelle bezahlen sollten. Allerdings hatten wir bei weitem nicht annähernd so viele italienische Lira dabei, wie wir für unsere Schandtat hätten blechen müssen. Ehrlich gesagt, in diesem Moment sah ich uns schon in Gedanken in den Knast wandern. Als wir den beiden dann endlich klarmachen konnten, dass wir den Betrag tatsächlich nicht bei uns hatten, füllte der schreibende Polizist eine weitere Sektion auf dem

Strafzettelformular aus, notierte zusätzlich einige Worte, einige Zahlen, und brummte Unverständliches vor sich hin. Mit einer erneuten eindringlichen Warnung, dass wir die Autobahn sofort zu verlassen haben, verabschiedeten sich unsere neuen Bekanntschaften, stiegen in ihren Fiat und brausten davon. Wir blieben erstaunt zurück. Die nächste Möglichkeit uns von der Autobahn gefahrlos entfernen zu können befand sich in ca. 1000 m Entfernung, in Fahrtrichtung. Für das Stück hätten uns die Polizisten aber auch mal mitnehmen können. Nele hatte auf dem gesamten restlichen Weg große Bedenken, dass gleich eine neue Polizeistreife auftauchen könnte, um uns nochmal eine kostenpflichtige Verwarnung auszustellen. Dem war aber – Gott sei Dank – nicht so. Unser Bedarf an Kontakten mit den einheimischen Polizisten war zumindest für diesen Tag gedeckt.

So, nun galt es möglichst bald eine geeignete Schlafgelegenheit ausfindig zu machen, und dann konnte ein turbulenter Tag vielleicht doch noch in aller Ruhe ausklingen.

Wir hatten Glück und fanden rasch ein abgelegenes Maisfeld, welches uns ideal erschien, eine ruhige Nacht darauf verbringen zu können. Bis zum Einschlafen ließen wir erst mal den ereignisreichen Tag im Geiste Revue passieren und beschäftigten uns abschließend mit der Übersetzung unserer neusten Errungenschaften, den Strafzetteln, die wir uns kurz vor Feierabend, auf der Autostrada, haben andrehen lassen. Mit

Hilfe von Neles kleinen „Langenscheidts Universalwörterbuch für die Reise, Italienisch – Deutsch, Deutsch – Italienisch", fanden wir heraus, dass unsere Strafe, die wir wegen „unerlaubten Betretens einer Autobahn" zu zahlen hatten, 150.000 Lira, pro Person betrug. Das waren zu der Zeit ungefähr stattliche 150.- D-Mark. Und da wir nicht an Ort und Stelle unsere Schuld begleichen konnten, wurde ein Zusatzvermerk notiert, welcher besagte, dass sich die Strafe automatisch, bis zur endgültigen Bezahlung, alle 14 Tage um 25.000 Lira pro Person, erhöhte. Wow, das fanden wir durchaus recht viel...

Diese neu gewonnene Erkenntnis war dann unser krönender Tagesabschluss. Wir mussten nochmal laut und herzhaft darüber lachen, und dann schliefen wir auch schon zügig ein...

...Kurz vor dem Start in den Sommerurlaub ´88

Das Ziel war Skandinavien.

Eine genau festgelegte Route hatten wir bewusst nicht geplant. Ganz spontan wollten wir ausprobieren, wo es uns in den kommenden vier Wochen überall hin verschlagen wird. Einzig die ersten beiden Etappen der Anreise standen fest: mit dem Auto von Hannover ins dänische Hirtshals und dann mit der Fähre rüber nach Norwegen. Und der Tag der Abreise wurde einvernehmlich auf Dienstag, den 05. Juli terminiert.

„Wenn wir so gegen 10:30 Uhr starten, dann erreichen wir die 665 Kilometer entfernte Nordspitze Dänemarks vermutlich rechtzeitig, um uns noch ein Fährticket für den Mittwoch kaufen zu können", so lautete unsere Überlegung.

Da wir erstens eine zeitlich gehörig ausgedehnte Reise antraten, und zweitens Kenntnis darüber hatten, dass das Leben in Skandinavien nicht gerade preiswert war, packten wir unseren roten Golf bis unter das Dach voll mit Lebensmitteln und vielem Kram, von dem wir vermuteten, es auf unserer Tour durch Nordeuropa dringend dabei haben zu müssen. Unter anderem packte ich mein Paar Gummistiefel – welches ich noch aus meiner Lehrzeit bei der Brauerei Eder übrighatte – ein. Elkes Reaktion war gänzliche Fassungslosigkeit, als sie mich dabei ertappte, wie ich die Stiefel heimlich unter den Beifahrersitz schieben wollte. Aber wir verluden selbstverständlich auch diverse nützliche Dinge, wie z.B. den einen oder anderen Kasten Bier. Dieses Getränk sollte ja in Norwegen und Schweden schier unbezahlbar teuer sein, war uns zu Ohren gekommen.

Im Laufe des Vormittags leerte sich dann so langsam unser Wohnungsflur, welcher zwischenzeitlich kaum zu passieren, da er derartig mit Kisten, Taschen, Tüten und Kartons zugestellt war, und ich mich nur mit extrem eingezogenem Bauch und angehaltener Luft hindurch quetschen konnte. Gleichzeitig wurde der beladbare Stauraum im Auto immer knapper. Wie gut, dass ich meine Gummistiefel vorausschauend bereits recht zeitig verstaut hatte...

Ein bedeutsames Detail finde ich noch erwähnenswert. Wir wohnten im 8. Stock eines großen Hauses und waren somit bei unseren Transporten stets auf den Fahrstuhl angewiesen. Da dieser aber ebenso bei anderen Bewohnern der Liegenschaft durchaus begehrt war mussten wir sehr auf der Hut sein, um den Lift nicht leichtsinnig aus den Augen oder dem Zugriffsbereich zu verlieren. Ich stellte listigerweise meist ein Gepäckstück in die Tür, so dass es den Mitbewerbern nicht möglich gemacht wurde, aus einem anderen Stockwerk mir einfach per

Knopfdruck, den Aufzug zu entwenden. An diesem Vormittag waren deutlich mehr fluchende Menschen im Treppenhaus unterwegs als an anderen Tagen.

Als ich dann endlich mit meiner letzten Fuhre im Erdgeschoß ankam befanden sich dort bereits drei missmutig dreinblickende Zeitgenossen vor der Tür des Fahrstuhls und warteten ungeduldig darauf, diesen für eine eigene Beförderung in eine der oberen Etage besteigen zu können. Ich fühlte mich unter Druck gesetzt und versuchte hastig das Objekt ihrer Begierde zu räumen. Rasch schob ich die Gegenstände aus der Kabine in den Flur. Dabei ließ ich mich zu sehr hetzen, und klemmte mir final eine Tasche und einen Karton gleichzeitig unter die Arme. Es hätte mir klar sein können, dieses Unterfangen würde nicht zwingend von Erfolg gekrönt sein. Die Gesetze der Statik und der Schwerkraft sorgten dafür, dass ich noch im Treppenhaus die Kontrolle über den Karton verlor und dieser aus ca. 120 cm Höhe lautstark auf die mehrfarbig marmorierten Steinplatten schmetterte. Wenn sich in diesem Karton beispielsweise ein Schlafsack oder ein Kopfkissen, oder meine Gummistiefel befunden hätten, wäre die folgende Angelegenheit nicht so aufwendig und ärgerlich gewesen. Leider handelte es sich aber beim Inhalt dieser „Wurfsendung" um Lebensmittel, und mehr ins Detail gehend, unter anderem um ein Glasflasche mit Speiseöl. Jeder der schon einmal einen ganzen Liter dieses flüssigen Fettes auf dem Fußboden verteilt hat, weiß wovon ich spreche. Und dieser Fußboden befand sich im stark frequentierten Eingangsbereich eines 12-stöckigen Hauses.

Also, das Risiko, dass jemand auf dem „Ölteppich" ausgleitet, die Balance verliert und auf den Boden fällt bestand durchaus. Mein schriller Schrei des Entsetzens drang durch das gesamte Treppenhaus. Elke befand sich in diesem Moment gerade in voller Vorfreude auf die vermeintlich kurz bevorstehende und sogar pünktliche Abreise draußen vor dem Haus am Auto. Sie eilte herbei, sah das Dilemma und mutmaßlich verfluchte sie spontan den Moment, in dem sie mich einst kennengelernt hatte. Ich verharrte in meiner Schockstarre, ja man könnte auch sagen – um im Bild zu bleiben – ich stand da wie ein „Ölgötze". Aber Spaß beiseite, was nun folgte war wahrlich nicht lustig. Erst musste ich Elkes heftigste Schimpftiraden über mich ergehen lassen, dann konnte ich mich aber doch noch nützlich machen, indem ich zur Vermeidung von Ausrutschern anderer Hausbewohner das Gelände erstmal weiträumig absperrte, und dann in unsere Wohnung eilte, um entsprechendes Putzzeug zu organisieren. Elke versuchte in der Zwischenzeit, die Ausbreitung des Ölfilmes irgendwie einzudämmen. Zum Beispiel zu verhindern, dass etwas davon in den Fahrstuhlschacht floss. Es war eine elendige Plackerei, zum einen die Beseitigung des Öles, zum zweiten die Besänftigung der wenig verständnisvoll auftretenden Mitmenschen, die gerade jetzt in diesem Moment ganz dringend und unbedingt diesen Teil des Eingangsbereiches passieren mussten.

Der Einsatz zur vollständigen Beseitigung der Ölpest nahm fast 2 Stunden in Anspruch, in denen Elke unaufhörlich über meine Blödheit wetterte. Ein wenig konnte ich sie verstehen…

Zwischendurch überlegte ich mir, dass ich für diese Reinigungsaktion doch meine Gummistiefel gut gebrauchen hätte können. Aber die waren so tief im Auto vergraben, da kam ich auf die Schnelle nicht dran.

In unserem Reisetagebuch vermerkte Elke später: „Um 12:30 Uhr fuhren wir dann endlich entnervt los."

Während der ersten Stunden der Reise herrschte im Auto eine missmutige Stille. Ich hatte mich zwar bei Elke entschuldigt, aber irgendwie änderte das auch nichts an der angespannten Stimmung, welche anfangs die Szenerie prägte.

Erst im Laufe der Zeit, als wir vortrefflich gut vorankamen wurden wir beide wieder lockerer, Elke verzieh mir ein wenig und der Urlaub konnte beginnen. Einen Wermutstropfen hatte die Panne des Vormittags dann doch noch, denn wir kamen erst um 22 Uhr in Hirtshals an, und da war die Fähre, die wir am nächsten Tag nehmen wollten, bereits ausgebucht. Erst für Donnerstag, also den übernächsten Morgen, konnten wir zwei Tickets erwerben. Wie gut, dass wir reichlich Urlaubstage zur Verfügung hatten. Wir mussten nur rechtzeitig Ende August wieder zurück sein, denn ab dem 01.September traten wir beide unsere neuen Jobs in zwei hannoverschen Brauereien an. Um 22:30 Uhr konnten wir auf dem in Hafennähe gelegenem Campingplatz für zwei Nächte einchecken. Allerdings waren dann dort aufgrund unserer – von mir verschuldeten – verspäteten Ankunft schon die netten Hüttchen, welche jeder skandinavische Campingplatz im Sortiment hatte, vergriffen, so dass wir bei strömenden Regen, auf völlig durchweichtem Boden unser Zelt aufbauen mussten. Und wenn ich drangekommen wäre, hätte ich hierfür gerne meine Gummistiefel unter dem Beifahrersitz hervorgekramt…

...an der Supermarktkasse

Zu meinen beeindruckendsten Reisen zählt – mutmaßlich für immer und ewig – der erste Trip nach „Down-under", genauer gesagt, nach Neuseeland.

Wir schrieben das Jahr 1989 und zu dieser Zeit war es in keinster Weise üblich, Urlaub in diesem fernen Land zu machen. Ja, diese beiden Inseln im südlichen Pazifik gelegen waren nicht nur einfach fern, nein, sie waren von Deutschland aus gesehen sogar das allerfernste Ziel, das man überhaupt ansteuern konnte. Eine Art unerreichbar scheinender Sehnsuchtsort für viele. Die insgesamt 30 Stunden dauernde Anreise schreckte zudem noch den einen oder die andere davon ab, sich intensiver mit der Planung einer Exkursion dorthin zu beschäftigen.

Elke und ich aber taten dies und starteten am Samstag, den 04. November, vom Frankfurt International Airport aus in Richtung „einmal-um-die-halbe-Welt", nach Auckland, der größten Stadt Neuseelands.

Am Montag, den 06.11. landen wir sicher im „Land der langen weißen Wolke", wie die Einheimischen ihre Heimat liebevoll poetisch bezeichnen. Es war 13 Uhr Ortszeit.

Der vorbestellte Campervan wurde in Empfang genommen und ich quälte mich durch den Linksverkehr, hin zum augeguckten Campingplatz, den wir, trotz zweier kritischer Situationen unterwegs, schließlich unversehrt erreichten. Auf der Anlage angekommen war dann dringlich Duschen angesagt.

Was im Anschluss daran geschah, fasste Elke am nächsten Morgen wie folgt in unserem Reisetagebuch zusammen:

„Mit einem Schlag überkam uns die Müdigkeit. Wir waren kaum mehr fähig unser Bett zu machen. Ich hatte noch einen Bärenhunger. Eine Scheibe gutes, englisches Toastbrot schlang ich runter. Den Belag konnte ich nicht mehr draufmachen. Um 17:45 Uhr schliefen wir beide tief und fest. Die Riesenunordnung im Fahrzeug störte uns nicht, und selbst der Hunger auch nicht mehr. Wir schliefen durch bis zum nächsten Morgen um 6 Uhr." Zitatende

Bis zur vollständigen Akklimatisierung und Überwindung des Jetlags dauerte es ein paar Tage, aber spätestens am Donnerstag jener Woche waren wir uneingeschränkt einsatzfähig und bereit, alles Neue und Spannende dieses fantastischen Landes entsprechend aufmerksam wahrnehmen zu können.

Inzwischen befanden wir uns in der hydro-thermalen sowie vulkanischen Region um den Ort Rotorua. Dort war wirklich viel zu erkunden und zu bestaunen. Besonders beeindruckend, weil für mich ungewöhnlich, war z.B. ein Maori-Friedhof. Die Verstorbenen werden dort in großen, weißen Steinsärgen bestattet, welche aber nicht vergraben werden. Stattdessen sind diese oberirdisch auf dem Gelände angeordnet. Zumindest in dieser Gegend ist an eine uns bekannte Erdbestattung aufgrund der heißen unterirdischen Quellen und Ströme nicht zu denken. An zahlreichen Stellen blubbert und dampft es kochend heiß aus dem Boden heraus. Ist auch irgendwie praktisch für die Einheimischen. Teilweise hängen sie einfach Töpfe mit Speisen in die Erdöffnungen und kochen eben ihre Mahlzeiten kostenlos im Garten anstelle auf einem Herd in der Küche mit teurem Strom oder Gas.

Ebenfalls ein ergreifendes Highlight stellte das große Fenster auf der Rückseite der historischen Holzkirche St. Faith´s, direkt am Lake Rotorua dar. Auf der Scheibe ist Jesus in Maorikleidung abgebildet. Wenn man sich in dem Gotteshaus befindet und durch das Glas in Richtung des Sees blickt, kann man sozusagen den Messias über das Wasser wandeln sehen.

Die absolute Krönung war aber der Pohutu. Wörtlich übersetzt heißt das so viel wie „großer Spritzer". Dabei handelt es sich um einen berühmten Geysir, welcher bis zu zwanzigmal am Tag ausbricht und eine Fontänen Höhe von beachtlichen dreißig Meter schafft. Sehr spannend. Das sieht man ja auch nicht alle Tage.

Den Kopf mit faszinierenden Eindrücken und Beobachtungen bepackt, den Film in der Kamera mit traumhaft grandiosen Fotos beknipst, machten wir uns am frühen Nachmittag wieder auf den Weg, denn da unser Kühlschrank nicht mehr genügend für ein sättigendes Abendessen hergab, mussten wir dringend diesbezügliche Abhilfe schaffen. Mit der festen Überzeugung, dass mich nach dem bisher an diesem Tag Gesehenen nichts weiteres mehr richtig ergreifen könne, betraten wir den nächstgelegenen Supermarkt. Wir konnten dort erneut interessante Eindrücke, besonders im Hinblick auf Sortiment und Preise der Lebensmittel, sammeln. Z.B. zu Green-lipped mussels und Kiwis. Zwölf Muscheln bekam man für umgerechnet 1,80 DM und das Kilo Kiwis kostete mit 49 Pfennigen so viel wie in Deutschland eine einzelne Frucht davon.

Unser Menü für den bevorstehenden Abend, bestehend aus Spinatnudeln, Tomatensoße und zwei saftigen Stücken Rindfleisch, war rasch zusammengestellt. Dazu gönnten wir uns noch zwei Flaschen mit neuseeländischem Wein. Das konnte einen würdigen Abschluss eines denkwürdigen Tages bilden, der mir, und da war ich mir absolut sicher, allein schon dank der vielen Höhepunkte des Vormittages ewig in Erinnerung bleiben werde.

Wie sich im Nachhinein herausstellen sollte, täuschte ich mich einerseits und hatte andererseits aber auch verdammt Recht gehabt. Diesen Tag sollte ich wahrhaftig nie wieder vergessen können. Er brannte sich später tief in mein Gedächtnis ein.

Der Lebensmittelladen war sehr gut besucht. Und obwohl sämtliche acht Kassen geöffnet waren, bildeten sich vor jeder einzelnen lange Schlangen aus geduldig wartenden Menschen.

Auch wir reihten uns in einer solchen ein und einigten uns nach kurzer Abstimmung flugs darauf, im Anschluss diesen bemerkenswerten Tag (ohne noch mit weiteren Zeniten zu rechnen), am Swimming-Pool unseres Campingplatzes relaxt ausklingen zu lassen. In Vorfreude darauf fiel mir das lange Herumstehen vor dem Bezahlvorgang gar nicht mehr so schwer. Gedankenversunken schweifte mein Blick umher und registrierte rein zufällig den vor der Kasse postierten Ständer, in welchem zahlreiche Exemplare von Printmedien fein säuberlich einsortiert waren. Darin befanden sich neben einigen Journalen und Illustrierten auch diverse Tageszeitungen. Eine der Überschriften stach mir ins Auge. Dort stand in dicken fetten Lettern geschrieben:

"GDR opens the border. Is the Wall coming down now?"

„Was soll das denn?", schoss es mir durch den Kopf.
„Das ist ja wohl entweder ein schlechter Witz oder reines illusorisches Wunschdenken eines verwirrten Journalisten ohne jeglichen Bezug zur Realität." Ich stupste Elke an und zeigte ihr diese verwirrenden Sätze. Auch meine Frau schüttelte nur irritiert ihr Haupt und machte eine abfällige Handbewegung in Richtung des Ständers.
Wir hatten in den letzten Tagen vor unserer Abreise aus Deutschland durchaus mitbekommen, dass sich in der DDR etwas tat – von Massen-protesten, großen Demonstrationen und Aufbe-

gehren gegen die Staatsmacht war die Rede – aber wie weit diese Entwicklungen in den vorherigen Tagen fortgeschritten waren, das wussten wir nicht genau. Somit war diese Meldung für uns zu diesem Zeitpunkt absolut undenkbar. Ich las weiter im Text:

"The GDR border with the Federal Republic is open from now on. GDR citizens can now travel to West Germany and West Berlin. A corresponding recommendation by the SED Politburo was adopted yesterday by the GDR Council of Ministers in anticipation of the new travel law."

Echt jetzt? Ich begann an meinen Englischkenntnissen zu zweifeln. Nach meiner Übersetzung stand da schwarz auf weiß, dass die DDR-Grenze zur Bundesrepublik von sofort an offen ist, und DDR-Bürger jetzt nach Westdeutschland und nach West-Berlin ausreisen können.

Träumte ich das alles nur oder hatte mir die Sonne im Laufe des Tages doch etwas zu stark zugesetzt? Ich war definitiv hoffnungslos überfordert. Dies erfasste die aufmerksame Kassiererin unverzüglich und strahlte uns überglücklich an.

„Great news from home!" trällerte sie uns entgegen, erhob sich von ihrem Sitz, streckte sich ein wenig und zog geschickt eine Ausgabe des von mir so ungläubig beäugten Blattes aus dem Gestell. Die Supermarktangestellte nahm wieder Platz und begann mit lauter und freudiger Stimme den Artikel auf der ersten Seite vorzulesen:

"This sensational news was announced by SED Politburo member Schabowski, on the evening of November 9th, around 7 pm, at a press conference in East Berlin. Schabowski said: Private trips abroad can be applied for without prerequisites, travel reasons and family relationships. Permits are granted at short notice. The responsible Passport and Registration Department offices in the GDR have been instructed to issue visas for permanent departure immediately. Permanent departures can take place via all border posts of the GDR. According to the GDR Ministry of the Interior, only an identity card is required for this."

Die Zeitverschiebung in dieser Region beträgt plus 12 Stunden, im Vergleich zu Mitteleuropa. In Rotorua war es in diesem Moment 15:30 Uhr nachmittags, am Freitag, den 10.11.1989 und in Deutschland somit 03:30 Uhr am frühen Morgen. Das hieß, vor ca. achteinhalb Stunden, zu einer Zeit als wir noch nichtsahnend, tief und fest in unseren Kojen im Wohnmobil schlummerten, spielten sich ca. 19.000 km entfernt unbeschreiblich sensationelle Szenen ab. Unfassbar!!

Die Kassiererin las und las, während die anderen wartenden Kunden hinter uns geduldig zuhörten. Keiner meckerte, warum denn das hier so lange dauern würde. Nein, sie freuten sich mit uns. Die Stimmung in der Runde wurde mit jedem Wort, welches die Vorleserin verlauten ließ, immer frohgemuter. Ein älterer Herr klopfte mir

71

anerkennend auf die Schulter, so als ob ich die Mauer persönlich geöffnet hätte. Eine Frau klatschte Beifall. Ich aber verstand einfach die Welt nicht mehr. War das alles hier wirklich real?

Erstens, um diese ungeheuerliche Meldung selbst nochmals mit eigenen Augen nachlesen zu können, und zweitens, um sicherzustellen, dass die Geduld der umstehenden Kunden nicht noch weiter endlos strapaziert wurde, signalisierte ich der Dame an der Kasse, sie könne ihren Vortrag beenden, weil ich ihr von Herzen dankbar und nun bereit war das Exemplar käuflich zu erwerben.

Von allen Seiten prasselten Glückwünsche und Sympathiebekundungen auf uns nieder. Und niemand – nein, wirklich kein einziger – war in irgendeiner Form verstimmt, dass wir so lange den Betrieb an Kasse 6 im Supermarkt von Rotorua aufgehalten hatten.

„The good news from home" überstrahlten einfach alles!

...früh morgens, in der Brauerei

Meine erste Stelle nach meinem Studium des Brauwesens fand ich in Hannover.

Die Brauerei an sich war eher beschaulich. Es handelte sich um eine Aktiengesellschaft. Das Besondere daran war, es wurde festgelegt, dass eine Aktionärsgemeinschaft von Hannoveraner Gastwirten immer eine Mehrheit von mindestens 51 % der Anteile besitzen musste. Somit sollte eine Übernahme durch andere Braukonzerne verhindert werden.

In unserer Firma herrschte ein gemeinschaftliches Klima. Man kannte jede Mitarbeiterin und jeden Mitarbeiter mit Namen, mit den meisten duzte man sich und 98 % der Belegschaft war gewerkschaftlich organisiert. Eine große Familie eben! Nur ich fiel natürlich mal wieder aus dem Rahmen, da ich – man glaubt es kaum, aber es ist tatsächlich wahr – der einzige Mitarbeiter war, der als Konfession „Römisch-katholisch" angab. Das kam bislang dort noch nicht vor. Und ich war der erste Braumeister im Unternehmen, der nicht in Berlin, sondern in Weihenstephan studiert hatte. Ein paar Jahre zuvor wären solche Besonderheiten ein Ausschlusskriterium für eine Einstellung gewesen. Aber man hatte sich inzwischen auch im nördlichen Deutschland – Gott sei Dank – etwas für Weihenstephaner und Katholiken geöffnet. Aber wenn man mir dort damals eine Absage erteilt hätte, wäre das für mich nicht tragisch gewesen, denn ich war in der formidablen Situation, dass ich mir meine erste Anstellung selbst aussuchen konnte. Ich hatte drei Bewerbungen geschrieben und gewissermaßen vier Zusagen erhalten. Wie das ging? Ganz einfach, indem ich von unserem Universitäts-Professor Dr. Narziß, zusätzlich noch ein Stellenangebot im berühmten „Münchner Hofbräuhaus" erhielt. Ich hätte dort nur kurz anrufen und sagen müssen, dass mich der „Bier-Papst" höchst persönlich schickte, und dann hätte ich den Job gehabt.

Ja, ich befand mich damals in einer wahrlich traumhaften Ausgangsposition. Ich musste mich nur für einen der vier Interessenten entscheiden.

„Wow, das wird mir in meinem weiteren Berufsleben sicher nicht mehr allzu oft passieren", war ich mir meiner Lage durchaus bewusst. Und ich sollte mit meiner Einschätzung richtig liegen…

Meine Entscheidung fiel dann auf die Brauerei in Hannover, was ich im Übrigen nie bereut habe. Mein Hauptbetätigungsfeld lag im Labor und nannte sich Qualitätskontrolle.

Dort arbeitete ich mit meinem erfahrenen und sehr netten Kollegen, Herrn Brose, zusammen. Wir verstanden uns von Anfang an prima. Das traf übrigens – wie bereits eingangs erwähnt – auch auf alle anderen Kolleginnen und Kollegen zu. Vom Staplerfahrer bis zur Vorstandsekretärin, hier arbeiteten nur liebe Menschen.

Zu meinen Aufgaben als Betriebskontrolleur in einer Brauerei zählte u.a. die regelmäßige Entnahme von Untersuchungsproben an verschiedenen Stellen des gesamten Produktweges. So war z.B. der Filter, in welchem die Hefe nach der Gär- und Reifephase aus dem Bier ausgesondert wurde, eine überaus wichtige Station, welche mehrmals täglich auf ihre tadellose Funktionalität hin überprüft werden musste. Dies bedeutete für mich einerseits das sterile Abzapfen einer kleinen Menge des Bieres für die mikrobielle Analyse, so wie einer etwas größeren Menge zur organoleptischen Prüfung, sprich zum Trinken.

Eines Tages – wir schrieben den Anfang des Jahres 1991 – führte mich meine routinemäßige Probenahme-Tour abermals zur Filtrierstation. Ich füllte zunächst das Fläschchen für die Laborprobe und anschließend das Glas für die Sensorik. Diese Verkostung war ein wichtiger, nicht zu unterschätzender Parameter der Qualitätskontrolle, denn es war die letzte Möglichkeit vor der Abfüllung eventuelle Produktmängel erkennen zu können. In Vorfreude auf ein gutes Produkt nahm ich einen kräftigen Schluck und erschrak fürchterlich.

„Was zum Teufel ist das denn?" schrie ich lauthals aus, während ich die noch nicht geschluckte Flüssigkeit aus meinem Mund schwungvoll in den Gully spie. Ein stechend beißender Geschmack betäubte sämtliche Geschmacksnerven meiner Zunge und erzeugte eine Art Würgereiz im Rachenraum. Das war ich von unserem leckeren Gerstensaft wahrlich nicht gewohnt!

„Hier stimmt etwas nicht!" diagnostizierte ich messerscharf und wies den zuständigen Kollegen im Filterkeller an, den Prozess unverzüglich zu stoppen. Nun galt es keine Zeit zu verlieren. Das komplette Braumeisterteam wurde per Notfallpiepser-Signal informiert und am Ort des Geschehens zusammengetrommelt. Es herrschte kolossale Aufregung, denn ein Stoppen des Produktionsflusses war stets mit massiven Zusatzkosten verbunden. Dies war wirklich nur in absolut begründeten Notfällen zu rechtfertigen. Als die gesamte Führungsriege versammelt war erläuterte ich, worum es hier ging. Ich unterrichtete die hohen Herren vom beißend brennenden Geschmack des Bieres und wollte bereits zur Ursachenforschung übergehen, als mir die ersten zweifelnden Blicke zugeworfen wurden. Inzwischen hatte jeder der Herbeizitierten ebenfalls eine Probe aus dem Filter gezogen, und was soll ich sagen, man befand den Geschmack als konform.

Anfangs war ich überrascht und zutiefst verwundert, denn das Bier war für mich absolut ungenießbar. Da ich allerdings fünf hochkarätigen Vorgesetzten gegenüberstand, welche sich alle einig waren, dass dieses Getränk so schmeckte wie immer, tauchten mit der Zeit Zweifel in mir auf, ob ich denn noch Herr meiner Sinne war.

So probierte ich erneut einen winzigen Schluck, mit dem identischen Ergebnis wie bei meiner ersten Probe. Mein abschließendes Fazit lautete, „Dieses

Bier schmeckt nach Chemie und ist schlichtweg ekelerregend."

Aber ich wurde mit 5:1 überstimmt. Die Filtration wurde erneut gestartet und die Herren Braumeister zogen missmutig ob dieser unverhältnismäßigen Aktion des übereifrigen Betriebskontrolleurs wieder ab. Zurück blieb ein fassungslos dreinblickender junger Kerl, der es eigentlich nur gut gemeint hatte, und der nun eine Reklamationswelle bombastischen Ausmaßes auf die Brauerei zukommen sah.

Und leider sollte dieser arg gescholtene Mitarbeiter tatsächlich wieder Recht behalten. Die Beschwerden der Kunden ließen nicht lange auf sich warten und hatten eine massive Dimension. Die hohen Herren reagierten prompt und es kam zu einem Rückruf, so wie zu einem beträchtlichen Imageschaden für unser Brauhaus.

Die dann doch verspätet eingeleitete Ursachenforschung ergab, dass durch ein teilweise undichtes Ventil gelegentlich Desinfektionsmittel ins Bier gelangen konnte.

Ab dieser Zeit hatte ich meinen Ruf als „der Geschmacksexperte" weg und wurde bei jeder potenziellen sensorischen Unklarheit als Fachmann hinzugezogen.

So auch im Mai 1991, als ein neuer (Riesen)Großkunde kurz nach der ersten Belieferung 25 Fässer á 50 Liter Bier empört zurückschickte, mit der Bemerkung, der Geschmack sei künstlich, chemisch und einfach schlecht.

Sämtliche Alarmglocken schrillten im gesamten Betrieb in den höchsten Tönen und es war sofort klar, dies sei ein Fall für eine echte Koryphäe. Als ich am folgenden Morgen um 06:25 Uhr das Brauereigelände betrat, kam der Pförtner aus seiner Empfangsloge gerannt, um mir mitzuteilen, dass ich mich schleunigst und ohne Umweg direkt in den Fasskeller zu begeben habe. Und zwar auf dringende Anordnung von ganz oben!

In einer Ecke des Kellers war längst alles für mich vorbereitet. Die 25 reklamierten Fässer, eine Zapfanlage, Gläser usw. waren zurechtgelegt. Der Arbeitsauftrag lautete, aus allen Fässern eine Geschmacksprobe zu entnehmen und organoleptisch auf mögliche Fehlgeschmäcker zu verkosten. Und zwar so rasch es nur irgendwie ging. Der Großkunde erwartete noch im Laufe des Vormittags eine detaillierte Antwort.

Wie bereits erwähnt war es inzwischen gerade mal 06:30 Uhr morgens, also eine denkbar ungünstige Zeit für Aufträge wie diesen. Aber was blieb mir übrig? Schließlich war ich – und zwar nur ich – der entsprechende Experte. Allerdings bloß der Fachmann in Sachen „wer erkennt geschmackliche Abweichungen?", und nicht „wer kann morgens schon am meisten Alkohol trinken?"

Es war eine mächtige Herausforderung für mich, einerseits dadurch bedingt, dass meine Zunge in dieser aller Herrgottsfrühe lieber einen aromatisch-würzigen Kaffee geschmeckt hätte, und ich andererseits meine ersten alkoholischen Getränke nie vor 12 Uhr einzunehmen pflegte.

Mir schauderte es allein bei dem Gedanken an das, was mir bevorstand.

Zugegebenermaßen brannte in mir ebenfalls eine gewisse Neugierde, ob denn diese Fässer zurecht retourniert wurden. Immerhin trat der – oben erwähnte – einst von mir als einziger erkannte Geschmacksmangel seit unserem Rückruf und der Reparatur des defekten Ventils nicht mehr auf. Sollten wir etwa ein neues Problem haben?

Dies galt es für mich herauszufinden. Ein umfassender Gesamteindruck der Qualität ist nur zu gewinnen, wenn man sowohl das Auge, den Geruchssinn, wie auch den Geschmackssinn teilhaben lässt. Aus dem Studium wusste ich noch, dass nur so die feinen Nuancen, welche die unterschiedlichen Biersorten ausmachten, herausgefunden werden konnten.

Voller Spannung zapfte ich mir das erste Glas dieses herrlich frisch und feinporig schäumenden, mit aufsteigenden Kohlensäurebläschen durchzogenen, goldgelb schimmernden Gerstensaftes. Die spontane optische Impression versprach Hochgenuss. Auch meine Nase sendete positive Wahrnehmungen an das Gehirn, denn ein feines, abgerundetes Aroma stieg aus dem Glas empor. Schließlich führte ich dieses zu meinem Mund und nahm den ersten Schluck. Ich ließ Süffigkeit, Bittere, Einstieg und Abgang auf meinen Gaumen wirken.

Abgesehen davon, dass ich diesen Geschmack morgens im Allgemeinen noch nicht haben wollte, war meine erste Beurteilung durchaus zusagend. Der Gesamteindruck war stimmig, da die einzelnen Geschmacksbildner perfekt miteinander harmonierten und ineinander übergingen. Die Rezens des Bieres, welche etwa in der Mitte der Geschmacksempfindungen auftritt, zeichnete sich durch Vollmundigkeit aus, der Nachtrunk wurde durch eine fein-edle Hopfenbittere geprägt. Einen klar erkennbaren Geschmacksfehler hatte dieser gute Tropfen aus dem ersten Fass definitiv nicht.

Das beruhigte mich. So wie die weiteren Kostproben übrigens auch. Mit jedem Schluck wurde ich gelassener und es war mir irgendwann beiläufig eher egal, ob ich noch fünf oder zehn Fässer zu testen hatte. Ich wankte von einem zum nächsten und fand bei Behälter Nummer 14, dass es eigentlich ein sehr schöner Tag sei, wobei mir zwar irgendwie ein Frühstück fehlte, aber egal, ich hatte ja was Leckeres zu trinken. Und das fand ich zudem immer charmanter…

Zwischendurch kam mir der alte Roland-Kaiser-Schlager „*Sieben Fässer Wein*" in den Sinn. Ich stimmte die Melodie kurz an, war aber nicht wirklich textsicher und kam nur bis zu der Zeile „*…können uns nicht gefährlich sein*". Diese Worte beglückten mich erneut. Auf meine Situation übertragen schwebte mir der Refrain „*25 Fässer Bier, in der Früh, ja die munden Dir*", oder so ähnlich vor.

Zu meiner großen Erleichterung wurde die Qualität des Getränks gefühlt von Fass zu Fass immer besser und es war kein einziges dabei, dessen Inhalt eine sensorische Beanstandung gerecht-fertigt hätte. Die Qualität meiner handschriftlichen Dokumentation der Forschungsergebnisse verhielt allerdings exakt konträr dazu und geriet gegen Ende hin in eine erhebliche Schieflage.

An den Verlauf des restlichen Vormittags habe ich keine konkreten Erinnerungen mehr, ich weiß nur noch eines: es war ein lustiger Tag! Obwohl ich sagen muss, der Nachmittag ließ auch schon wieder etwas nach...

ES '22

... im Heißluftballon

Es war wieder einer von Elkes grandiosen Einfällen, mir zur Hochzeit eine Fahrt in einem Heißluftballon zu schenken. Ja, diesen uralten Menschheitstraum, leicht wie die Vögel durch die Lüfte zu schweben und dem Alltag dabei entfliehen zu können, wollte ich immer schon mal erleben!

„Es muss wie das Eintauchen in eine andere Welt sein, die lautlos an einem vorbeigleitet, fast wie, wenn die Zeit stillsteht", malte ich mir das Ereignis in meinen Träumen aus.

Wenn man ein solch luftiges Event bucht, wird unverzüglich darauf hingewiesen, dass im Vorfeld nicht ein bestimmter, fester Termin zugesagt werden kann, da diese Aktion beträchtlich von der vorherrschen Wetterlage abhängig sei. Das ganze Procedere läuft vielmehr so ab, man darf einen Wunschzeitraum angeben, und wird dann, bei witterungstechnisch passender Gelegenheit, entweder am Vortag oder aber sogar erst am Morgen des Ereignisses darüber in Kenntnis gesetzt, dass nun der große Tag gekommen ist.

„Dann, wenn das mit der Thermik passt", wurde Elke bei ihrer Anmeldung aufgeklärt, „nur dann können wir gefahrlos starten."

Ja, Ballonfahren ist nun mal kein Schlechtwettersport, sondern findet nach den Sichtflugregeln statt, d.h., eine gute Weitsicht von acht Kilometern ist Grundvoraussetzung. Niederschläge jeglicher Art, egal ob Schneefall, Nebel, Regen, tiefliegende Wolken oder Windgeschwindigkeiten von knappen 20 km/h verhindern ein Abheben. Die Wetterlage muss außer dem eine Beständigkeit aufweisen und es muss gewährleistet sein, dass sich die Bedingungen in der Zeit, in der man beabsichtigt durch die Lüfte zu gleiten, nicht wesentlich verändern.

Aber die bedeutsamste Einschränkung des Ballonfahrens ist die, oben bereits erwähnte, Thermik.

„Sie entsteht in den warmen Jahreszeiten, hauptsächlich im Sommer. Die Sonne erwärmt den Boden und die Felder, diese erwärmen wiederum die bodennahen Luftschichten. Die Luft wird leichter und hat das Bestreben aufzusteigen. Dies geschieht schlagartig, in großen Luftblasen, was ein gleichmäßiges so wie kontrolliertes Vorankommen unmöglich macht, und eine nicht zu unterschätzende Gefahr darstellt. Daraus resultiert, dass man morgens früh startet und die Fahrt vor Einsetzen der Thermik beendet sein muss. Abends kann man erst starten, wenn keine Thermik mehr vorhanden ist." (Zitat aus der Informationsbroschüre des Veranstalters)

Da wir angaben, jobbedingt nur am Wochenende für derartig kurzfristig planbare Unternehmungen zur Verfügung zu stehen, mussten wir viel Geduld aufbringen, um endlich auch mal an die Reihe zu kommen. Und die Wartezeit zog sich tatsächlich ungemein in die Länge. Woche für Woche war das Wetter an den Sams- und Sonntagen nicht „zum in die Luft gehen" geeignet. Meist lag's an der Thermik.

In unserem Fall warteten wir insgesamt über ein Jahr, bis wir dann endlich doch abheben konnten.

Am 19.06.1994 war es endlich so weit. Treffpunkt: 6 Uhr, in Grünberg, am Sportplatz. Die Temperaturen an diesem Morgen waren richtig frisch, aber – Gott sei Dank – das mit der Thermik passte. Als wir am Startpunkt ankamen schickte sich die Technik-Crew gerade an das benötigte Gas in die bis dahin noch lasch auf dem Boden umherliegende, aus feinstem Ripstop-Nylon bestehende, Ballonhülle zu blasen. Ein spannender Vorgang, wie ich fand. Es faszinierte mich zu beobachten, wie der Ballon, langsam, aber sicher, immer weiter Gestalt annahm, und sich träge aufzurichten begann. Das kannte ich von mir selbst. Mein morgentliches Aufrichten, aus dem Bett in die Vertikale, musste auf Außenstehende auch stets ähnlich träge gewirkt haben, wie hier bei dieser Montgolfiere.

Bald schon konnte man den Schriftzug auf der Hülle vollständig erkennen. <COLEMAN> stand in großen roten Lettern auf einem grauen Streifen quer über den Ballon. Das war sozusagen der Werbeblock. Der Name dieses speziellen Luft-schiffes prangte etwas weiter unterhalb des großen

Schriftzuges. <D-OOLE> hieß unser Gefährt und Klaus unser Kapitän.

Die Cabincrew bestand aus Cosima und das Bodenpersonal aus Karl-Heinz. Alle drei trugen jeweils einen schicken, roten Overall, welcher ihnen zumindest äußerlich eine gewisse technisch-versierte Autorität verlieh.

Auf mich, als laienhaften Beobachter, machte das Treiben der drei Fachleute einen professionellen Eindruck. Jeder Handgriff saß, das Zusammenspiel funktionierte reibungslos und bald stand <D-OOLE> (im Wert von schlappen 100.000 DM), völlig aufgeblasen in seiner ganzen Schönheit vor uns auf dem Acker.

Mittig im Gesamtkunstwerk befand sich das Herzstück des Gefährts, der Brenner. Er sah ausgesprochen hightechmäßig aus. Unverzüglich schossen mir Bilder in den Kopf, wie das wohl, im Vergleich dazu, einst, anno 1783, ausgesehen haben musste, als die Gebrüder Mongolfier erstmalig mit einem Ballon abhoben. Bekanntermaßen war dessen Hülle noch aus Papier konstruiert, und — man stelle sich das mal vor — es wurde mit Stroh und Schafswolle geheizt. Kaum zu glauben, was sich in der Zwischenzeit so alles getan hatte, auf diesem Gebiet.

Im Korb, der aus Aluminium- und Holzrohren bestand, welche mit einem Geflecht aus Weide und Pettingrohr umspannt waren, befand sich Platz für ca. 6-8 Passagiere. Je nach Umfangreichtum der Körper, mal mehr, mal weniger. Wir waren zu siebt. Fünf Mitfahrer und zwei Besatzungsmitglieder.

Captain Klaus begrüßte uns recht freundlich und offiziell zu unserer Fahrt über Mittelhessen.

Ja genau, ein Heißluftballon fliegt nicht, er „fährt"! Das musste gleich ganz am Anfang klargestellt werden. Wer das nicht akzeptierte, kam erst gar nicht rein, in den Korb.

Wir erhielten selbstverständlich auch eine sicherheitstechnische Einweisung durch Cosima. Leider verzichtete sie dabei auf die typischen Dance-Moves die man von den Stewardessen im Flugzeug kurz vor dem Start, kannte. Ich muss gestehen, das hätte ich gerne von ihr dargeboten bekommen. Aber Cosima zog es vor uns schlicht und sachlich, ohne pantomimischen Schnick-Schnack, über die möglichen Risiken der Luftfahrt im Allgemeinen, und denen der Ballonfahrt im Speziellen, sowie die Abwendung dieser Gefahren zu informieren. Während ihrer Ausführungen schweifte mein Blick umher und mir fiel ein „Knäuel" auf, welches an einer Strebe des Korbes befestigt war. Dieses Konglomerat bestand aus mit einer Kordel zusammengebundenen Schutzhelmen. Seltsamerweise wurden diese Gegenstände zum Schutz des Kopfes, von der Sicherheitsbeauftragten mit keinem Wort erwähnt.

Nachdem wir dann rettungstechnisch entsprechend geschult waren, damit jeder „im Falle eines Falles" (verzeiht mir dieses kleine doppeldeutige Wortspiel) wusste was zu tun sei, begann das „Boarding". Dabei musste man sich bei diesem Korb irgendwie über die Reling ins Innere wuchten. Je nach Gelenkigkeit der Mitfahrwilligen konnte man diverse, aufschlussreiche Einsteige-techniken beobachten. Meine Art des Betretens wurde vom Captain Klaus als neuartig bezeichnet. Ich fand revolutionär viel passender.

Man bekam beim Einsteigen durchaus eine Ahnung, warum für die Ballonfahrt eine Mindestkörpergröße festgelegt wurde. Personen unter 130 cm Körperlänge ist die Mitfahrt per Verordnung untersagt.

Karl-Heinz checkte nochmals die wichtigsten Parameter, wie zum Beispiel die Sache mit der Thermik. Klaus warf einen abschließend prüfenden Blick auf seine Instrumente und vergewisserte sich vom ordnungsbemäßen Zustand des Höhenmeters, des Fühlers für die Temperatur in der Hülle, sowie des Variometers, dem Gerät zur Ermittlung der Steig- und Sinkgeschwindigkeit. Beide Kontrolleure streckten daraufhin ihre Daumen in die Höhe worauf der Kapitän das Start-Kommando „Ready for take off" gab und ich erst mich, dann aber sicherheitshalber auch noch den Fahrer fragte, was denn jetzt eigentlich mit diesem Schutzhelm-Knäuel wäre, welcher an einer Strebe des Korbes umherbaumelte. Die Antwort des Capitanos war kurz und präzise: „Die brauche mer net, die bringe sowieso nix!"

„Okay", dachte ich mir, „er wird das ja wohl wissen."

Klaus schickte zischende Flammen und reichlich „heiße Luft" in den gleichnamigen Ballon, zugleich hoben wir tatsächlich ab und begannen über den östlichen Landkreis Gießen, sowie über Teile des benachbarten Vogelsbergkreises zu schweben. Unter uns erstreckte sich eine meist leicht hügelig anmutende Landschaft, mit Wiesen und Feldern, sowie kleineren Ortschaften zwischendrin. Diese Ecke Mittelhessens war nicht allzu dicht besiedelt. Wir genossen die Fahrt und diese ganz spezielle Atmosphäre. Kein Vergleich zu einem Flugzeug, in dem man komplett abgeschirmt von der Umgebung reist. Hier im Korb pfiff der Wind, man spürte jeden Hauch, jede Böe und war dem Wetter gänzlich ausgesetzt.

Natürlich war unsere Hauptbeschäftigung, neben dem Schießen von unzähligen Fotos (Elkes Minolta-Kamera war übrigens seinerzeit mein Hochzeitsgeschenk an sie), der Versuch unten, am Boden, irgendetwas wiederzuerkennen. Eine Straße, einen Ort, einen Wald oder einen See. Aber für Elke und mich war das unter uns fast alles unbekanntes Neuland.

Der Kapitän mit dem hochkarätigen Vornamen stand über Funk in engem Kontakt mit Karl-Heinz, welcher mit dem Auto kreuz und quer durch das hügelige Mittelhessen fuhr, je nachdem wohin uns der Wind gerade trieb. Das sollte auch für Spannung während des Trips sorgen. Es war gewissermaßen eine Reise ins Ungewisse, denn man konnte beim Start nie genau vorhersehen, wo man letztendlich wieder festen Boden unter den Füßen bekommen wird. Da sich die Wind-richtungen im Laufe unserer Fahrt immer wieder änderten, musste der arme Karl-Heinz einen wahren Zick-Zack-Kurs steuern, um uns annähernd auf den Fersen bleiben zu können. Aber das war er schließlich schon gewohnt. Er machte diesen Job bereits ein paar Jahre.

Zwischendurch, wenn Klaus gerade mal nicht auf die Luftströmungen reagieren musste, hatte er Zeit Fragen zu beantworten und beiläufig über dies und jenes zu plaudern. So erfuhren wir z.B., dass er und seine bezaubernde Copilotin Cosima in Bälde heiraten werden. Sie machten eine regelrechte Besonderheit daraus uns alle mal raten zu lassen, wie und an welchem Ort sie die Hochzeits-Zeremonie planten.
Unsere Überraschung hielt sich jedoch in Grenzen als wir erfuhren, dass sie sich tatsächlich auf einer Ballonfahrt (wer hätte das bloß gedacht?) das Jawort geben möchten. Einen Pfarrer, der das mitmachte, hatten sie zwar noch nicht gefunden, aber sobald dieser aufgetrieben wäre, stünde dem Ereignis nichts mehr im Wege. Wenn sie gesagt hätten, sie wollen unter Wasser den Bund der Ehe schließen, dann hätte mich das überrascht, aber im Korb eines Ballons war mir bei diesen beiden irgendwie zu banal. Außer mir (mit meinem Tipp: im U-Boot) lagen bei diesem kleinen Ratespiel auch alle richtig, mit ihren Vermutungen. Aber da es sowieso nichts zu gewinnen gab, konnte ich es verschmerzen, als einziger falsch geraten zu haben. Ich konnte die Reise durch die Lüfte hochgradig genießen und war Elke ordentlich dankbar für ihr auserlesenes Geschenk. Es war bis dahin schon ein unvergessliches Erlebnis. Noch unvergesslicher sollte später für alle Beteiligten fest verankert im

Gedächtnis haften bleiben, was im Laufe des Tages noch auf sie zukommen würde.

Wie das immer so ist, irgendwann geht auch die schönste Reise mal zu Ende. Das bevorstehende Eintreten der Thermik hatte es so bestimmt: unser Zielort sollte an diesem Tag das beschauliche Örtchen Ober-Breidenbach werden. Besser gesagt, auf der großen Wiese am Ortsrand wollte Captain Klaus den Korb sanft zum Stehen bringen.

Karl-Heinz wurde per Funk über das Ziel in Kenntnis gesetzt und dazu aufgefordert das Begleitfahrzeug umgehend dorthin zu befördern. Der kontrollierte Sinkflug wurde eingeleitet. Allerdings war es durchaus auffallend, dass unser, bis dahin so souverän erscheinender Steuermann erste Anzeichen von leichter Unruhe erkennen ließ. Zufällig registrierte ich einen aussagekräftigen Blickkontakt zwischen Klaus und Cosima, welchen ich nicht als einen, wie der zwischen zwei entspannten und verliebten Verlobten wahrnahm, sondern eher als „Oh Mist, was machen wir denn jetzt?", bzw. „na das kann eng werden!" Und mein Eindruck täuschte mich leider nicht. Die wechselseitige Kommunikation des Bordpersonals entwickelte sich hektischer und nervöser. Irgendetwas stimmte nicht. Und so langsam befürchtete ich, die Thermik könnte einfach deutlich früher als erwartet eigesetzt haben. Und genauso war es auch. Den Passagieren, welche allesamt zu den Laien in Fragen der Luftfahrt zählten, war zwar nicht genau klar, was diese Unruhe in unserer Fahrgemeinschaft entfachte, aber es blieb keinem verborgen, dass wir uns in einer Art Krise befanden.

Die Wiese, auf der wir ursprünglich niedergehen wollten, schien sich in unbeschreiblicher Geschwindigkeit von uns zu entfernen.

So verdrehen sich in Stresssituationen die Tatsachen. Für mich fühlte es sich in diesem Moment tatsächlich so an, als ob sich unser Zielort von uns wegbewegen würde. Natürlich aber war es umgekehrt.

Was nun folgte waren ständig wechselnde Auf - und Abwärtsbewegungen unseres Ballons, sowie ein beängstigender Schlingerkurs des Korbes. Wie anfangs bereits erwähnt, aufgrund aufkommender Thermik war ein kontrolliertes und gleichmäßiges Fahren nicht mehr möglich.

Wer sich nicht an etwas festhalten konnte, wurde durch den Fahrgastraum geschleudert. Ich bemerkte, dass bereits jemand auf dem Boden lag, und jemand anderes auf ihm drauf. Instinktiv versuchte ich mich einfach nur irgendwo festzuklammern, um zumindest nicht aus dem Korb zu stürzen. Elke stand neben mir und schien hinreichend gut gesichert zu sein.

Klaus versuchte verzweifelt dagegen zu halten und den Ballon wieder in eine ruhigere, bzw. stabilere Situation zu bekommen. Vergeblich. Wir sanken und schlingerten immer intensiver.

Und dann auch das noch! Alles im und am Korb wackelte und schwang ungestüm hin und her. Natürlich gleichfalls das besagte Knäuel mit den Schutzhelmen, welches ja bekanntlich an einer

Strebe der Fahrgastzelle angebunden war. Und dann geschah das Paradoxe: Die Helme, die ursprünglich dazu gedacht waren die Köpfe der Passagiere im Notfall zu schützen, waren nun dermaßen in Schwingung geraten, dass das gesamte Bündel – und zwar mit erheblicher Wucht – gegen meinen unbehelmten Kopf prallte. Das versetzte mir beinahe den absoluten Knockout. Ganz zu schweigen davon, hätte es mir empfindliche Kopfverletzungen zufügen können.

So viel zum Thema „die brauche mer net, die bringe sowieso nix!" Ich fand ja, sie hatten schon was gebracht, und zwar eine nicht zu unterschätzende Gefahr für meinen Schädel! Hinterher ist man immer schlauer…und ich hatte ja auch zweifellos Glück gehabt, denn mein „dicker, hessischer Holzkopp" hielt der Attacke einigermaßen stand.

Ein Getreidefeld, dessen trockenen und staubigen Ähren längst eine beachtliche Höhe erreicht hatten, näherte sich uns in rasantem Tempo. Der Kapitän schien nun endgültig die Kontrolle über sein Gefährt verloren zu haben. Er fluchte lautstark, sogar das „SCH…"-Wort fiel zuweilen, und er gab uns Kund, dass er gewissermaßen bewegungsunfähig war, da er sich – hinter seinem Rücken – in einem Karabinerhaken verfangen hatte. Deswegen wies er denjenigen Mitfahrer, der in diesem Moment als einziger weiterhin auf seinen beiden Beinen stand an, dieser solle alles versuchen um möglichst schnell den Brenner zu verschließen, und somit die Flamme zu löschen, um die Katastrophe doch noch verhindern zu können. Der Angesprochene war allerdings mit der Situation ein wenig überfordert und konnte nicht wirklich hilfreich sein. Es war unbestritten ein Wettlauf mit der Zeit!!

In dieser Phase lag ich auch bereits halb im Korb, und zwar auf Elke drauf. Ich versuchte mich so leicht wie nur irgendwie möglich zu machen, um sie nicht beim nächsten heftigen Ruck des Ballons zu erdrücken.

Im nächsten Moment schlug der Korb mitten im oben erwähnten Feld auf dem Boden auf und fiel unverzüglich zu einer Seite um. Aber wir kamen nicht zum Stillstand, sondern schlitterten unaufhörlich weiter über den Acker.

Dadurch, dass die Flamme immer noch unerbittlich brannte und den Ballon befeuerte pflügte sich dieser, mitsamt seinem umgekippten Korb, in rasanter Geschwindigkeit durch das Feld. Wir hinterließen eine beeindruckende und deutlich sichtbare Spur der Verwüstung, so wie eine gigantische Staubwolke.

Wie würde das hier enden? Oder, war das gar schon unser aller Ende?

Wie durch ein Wunder, und mit vereinten Kräften einiger Passagiere, gelang es uns, Klaus doch endlich von dem Haken zu lösen, und die Flamme in buchstäblich letzter Sekunde auszulöschen. Direkt vor einem undurchdringlichen aber stark verrosteten Stacheldrahtzaun konnte der Ballon letztlich gestoppt werden.

Mühsam befreiten wir uns aus dem Korb. Elke und ich fielen uns in die Arme.

Als dann etwas später das gesamte Ausmaß unserer Bruchlandung überblickt werden konnte, vermochte man ohne Übertreibung sagen zu können, wir hatten alle verdammtes Glück gehabt. Die Verletzungen der Reisenden bewegten sich im bescheidenen Rahmen von leichten Prellungen und blauen Flecken, bis hin zu Hautabschürfungen. Gut, mein Schädel brummte noch etwas nach der Kollision mit den Schutzhelmen, aber eine schwerwiegende Gehirnerschütterung war anscheinend nicht zu befürchten.

Kurze Zeit nach dem spektakulären, aber glücklichen Showdown standen jedenfalls alle Beteiligten wieder gerade auf ihren Beinen und konnten sich einigermaßen normal bewegen. Große Erleichterung machte sich besonders beim Veranstalter-Team, breit.

Karl-Heinz war inzwischen auch zu uns zur Absturzstelle durchgedrungen. Er konnte von uns allen am Ehesten wieder klare Gedanken fassen und machte sich sofort daran die Länge der Strecke, auf der wir das Feld platt und die Ähren dem Erdboden gleichgemacht haben, abzuschreiten und zu vermessen. Der Schaden musste schließlich dem betroffenen Landwirt angemessen erstattet werden.

Wir waren nochmal mit dem Schrecken davongekommen, schüttelten uns kurz durch, um dann zum traditionellen und unverzichtbaren Ritual nach jeder Ballonfahrt zu kommen, der feierlichen Taufe!

Die Passagiere sanken dabei auf die Knie – nicht etwa um Gott für den letztendlich guten Ausgang zu danken - und postierten sich alle nebeneinander in einer Reihe. Die Arme wurden auf dem Rücken verschränkt, das Haupt nach vorne gesenkt. „Bruchpilot" Klaus zückte sein Feuerzeug und Karl-Heinz köpfte eine Sektflasche. Im Programmheft hatte gestanden, dass „die Passagiere, in gemütlicher Runde, entsprechend der Tradition, mit einer Sekttaufe und einer Urkunde in den Adelsstand erhoben werden."

Ich spürte, wie mir von hinten plötzlich jemand an den Haaren zog. Das war Klaus. Er schnappte sich eine Strähne, erzeugt mit seinem Feuerzeug eine lodernde Flamme, und sengte meine Haare damit an. Zum Glück war Karl-Heinz sofort zur Stelle und verhinderte mit einem kräftigen Schuss aus der Sektflasche, dass meine Mähne komplett herunterbrannte. Auch das war gerade noch mal gut gegangen.

Tja, so läuft eine derartige Taufe ab. Genauso schreibt es die Tradition vor.

Meine Haare rochen angekokelt und klebten, aber was soll's? Ich war jetzt ein Adeliger, namens „Graf Klaus, der ins Land schauende Ballöner" und hatte „Gräfin Elke, reizende Ballonfrau, aufsteigend in den Sonnenaufgang von Grünberg bis zur Ährenlandung in Ober-Breidenbach" zur holden Gemahlin. So stand es jedenfalls in der offiziellen Taufurkunde.

Aber das Allerwichtigste war: wir waren am Leben!!!!!!!

...auf dem Weg zur Spätschicht

In dieser Woche, Ende April 1995, musste ich täglich von 14 – 22 Uhr arbeiten. Das war für mich kein angenehmes Schichtmodell. Eine interessante Freizeitgestaltung am Vormittag gestaltete schon deswegen schwierig, weil alle Freunde und Bekannten zu diesen Stunden in ihren Büros weilten und niemand Zeit für mich hatte. Aber egal, der Schichtplan sah alle drei Wochen jene Variante für mich vor, und somit musste ich mich dem fügen. Am Dienstag in der oben erwähnten Woche schien so erfreulich schön die Sonne, dass ich genau genommen gar keinen großen Drang verspürte, mich mittags in mein Auto zu setzen, um nach Bad Homburg zur Arbeit zu fahren. Auch dank der frühsommerlichen Temperaturen wäre ich liebend gern auf unserer Terrasse sitzen geblieben, auf der ich mein Mittagsmahl eingenommen hatte.

Die Fahrtzeit von Bad Nauheim nach Bad Homburg-Kirdorf betrug, wenn die Straßen frei waren, ca. 20 Minuten. An diesem Tag war alles frei. Das war nicht das Problem.

Schwerer wog die täglich wiederkehrende Frage, wo ich denn in Kirdorf mein Auto parken konnte. Unsere Firma lag in einem Gebiet, in dem es nur parkscheibenpflichtige Kurzzeit-Parkplätze gab. Jede Stunde hätte ich meinen Wagen also umparken müssen. Erfahrungsgemäß wurde dort in den Nachmittagsstunden besonders oft kontrolliert und eigenmächtige, illegale Parkzeitüberschreitungen streng geahndet. Das konnte und wollte ich mir nicht leisten, des Öfteren derartige Strafmandate begleichen zu müssen. Die Alternative war, das Auto in einem ein wenig entfernt gelegenen Wohngebiet abzustellen. Das war prinzipiell ohne Gebühren möglich. Ungünstiger Weise parkten auch sämtliche meiner Frühschichtkollegen dort. Und die waren natürlich bei meiner Ankunft alle noch anwesend. Somit war es jeden Tag aufs Neue ein Glücksspiel, einen der heiß begehrten Stellplätze ergattern zu können.

Aber an diesem Tag war mir Fortuna hold, ich erspähte eine passende freie Lücke am Straßenrand und parkte gekonnt ein. Jetzt lag ein ca. siebenminütiger Fußmarsch, bis zu meinem Arbeitsplatz vor mir. Da ich diesmal so schnell fündig wurde, hatte ich sogar etwas Zeit. Ich musste nicht hetzen, wie an den Tagen, an denen die Parkplatzsuche nicht so reibungslos und zeitnah von statten ging.

„Heute kann ich das erfreulich angenehme Wetter ein paar Minuten länger genießen und einfach vor mich hinschlendern", freute ich mich.

Im Vorbeigehen betrachtete ich die netten, biederen Häuschen, die in dieser Gegend standen. Manche der Gärten waren mit so viel Liebe zum Detail angelegt und von fachkundigen „grünen Daumen" in richtige Wohlfühloasen verwandelt worden. Klein aber fein, das schien das Motto für das gesamte Viertel zu sein.

Ich versank in meinen Gedanken so wie im wohlwollenden Betrachten meiner Umgebung, und vergaß dabei, dass ich mich auf dem Weg zu einer anstrengenden und ungeliebten Spätschicht befand. Aber dieses Abtauchen in das reine Genießen des „Hier und jetzt" dauerte nicht allzu lange. Irgendwo in der unmittelbaren Nähe wurde eine Haustür lautstark aufgerissen und es entstand eine Art von Tumult. Ich blickte mich um und konnte die Quelle des Spektakels ausfindig machen. Eine adrette Frau – geschätzt Anfang 30 – in einem sehr sehr eng geschnittenen, knallroten Kleid, einer weißen Handtasche am Arm und Stöckelschuhen mit Pfennigabsätzen an den Füßen stürzte übereilt aus der zuvor hektisch geöffneten Tür und rannte, als ob es um ihr Leben ging durch den Vorgarten, in Richtung Straße. Es war ein merkwürdiger Anblick. Mein erster Gedanke war, „die joggt bestimmt zum allerersten Mal, so wie die gekleidet ist" Und nicht nur die Kleidung war unpassend in der Situation. Diese Frau erschien mir top gestylt zu sein. Die langen schwarzen Haare waren zu einer perfekt sitzenden Frisur vollendet und das Gesicht machte einen ausgesprochen stilvoll geschminkten Eindruck, soweit ich das jedenfalls von meiner Position aus erkennen konnte. Dieses Wesen hatte die Ausstrahlung einer echten Dame. Das alles stand im krassen Gegensatz zu der von ihr gerade ausgeübten Tätigkeit, dem Sprinten.

Kurz hinter ihr rannten plötzlich noch andere Menschen aus dem Haus. Eine Frau – geschätzt Mitte 30 – eine weitere Frau – geschätzt deutlich älter – und zwei kleinere, hochgradig irritiert dreinblickende Kinder bemühten sich mit der „Lady in red" Schrittzuhalten.

Während die Dame wortlos das Weite suchte, schrien die Verfolgerinnen mit lauter Stimme so etwas wie „Halt! Stopp! Stehenbleiben! Haltet den Dieb! Fangt sie ein! Hilfe Hilfe!!"

„Oha", dachte ich bei mir, „hier ist irgendetwas faul."

Die beiden hinterherrennenden Frauen bemerkten mich und kreischten mit letzter Kraft „Haltet sie auf! Sie hat uns bestohlen! Hilfe!" Dieser Apell klang für mich eminent glaubwürdig und ich entschloss mich kurzerhand ihrer Bitte nachzukommen. Voller Tatandrang und zum Äußersten entschlossen entledigte ich mich meiner schweren Arbeitstasche und nahm die Verfolgung der verdächtigen Person auf. Diese hatte nicht den Hauch einer Chance gegen mich. Ich war ausgeruht, sportlich nicht gänzlich untrainiert und für einen Sprint deutlich vorteilhafter ausstaffiert. Sie versuchte zwar noch sich ihrer unpraktischen Fußbekleidung zu entledigen, musste aber schon rasch einsehen, dass das alles nichts mehr brachte. Sie ergab sich in ihr Schicksal, wurde von mir heldenhaft gestellt und sofort verhaftet. Natürlich hatte ich sie gleich an Ort und Stelle vernommen und gefragt was denn hier eigentlich genau los war. Sie wusste angeblich von nichts und auch nicht, warum die anderen Frauen hinter ihr her waren. Diese wiederum erreichten nun inzwischen ebenfalls den Ort, an dem die Flucht der mutmaßlichen Diebin so jäh gestoppt wurde und bedankten sich intensiv bei mir.

Ferner berichteten sie mir, was sich kurz zuvor in ihrem Haus ereignet hatte. Die Familie war auf der Suche nach einem Kindermädchen für ihre kleine Tochter und deren noch kleineren Bruder. Besagte Dame im sehr sehr engen roten Kleid hatte sich auf eine entsprechende Zeitungsannonce beworben und war zum heutigen Vorstellungsgespräch erschienen. Dabei, so lautete zumindest der Vorwurf, habe die Bewerberin in einem scheinbar unbeobachteten Moment unerlaubterweise Geld und Schmuck an sich genommen, um es heimlich in ihrer weißen Handtasche verschwinden zu lassen.

Das würde so überhaupt nicht stimmen, schrie die Beschuldigte lauthals und voller gespielter Entrüstung, während sie ihre Tasche mit beiden Händen festkrallte. Meine Frage, warum sie denn dann so eilig und überstürzt das Haus verlassen hatte, lenkte sie dermaßen ab, dass ihre Konzentration einen kurzen Augenblick lang nachließ. Das nutzte die Mutter der beiden zu betreuenden – und in dieser Situation leicht traumatisiert erscheinenden – Kinder schamlos aus und riss die Handtasche an sich.

Darin befanden sich tatsächlich ein paar lose Scheine, welche die Mutter sofort als die ihren identifizierte. Auch das eine oder andere Schmuckstück kam zum Vorschein.

So weit so gut, für mich hieß es aber nun langsam Abschied nehmen von der illustren Runde, denn der Beginn meiner Spätschicht (die aber nicht zu einer Zu-spät-Schicht werden sollte) rückte unaufhaltsam immer näher. Zum Glück waren - nach dem ganzen Geschrei „uff de Gass" - in der

Zwischenzeit noch ein paar aufmerksame Nachbarn zum Ort des Geschehens gekommen, welche sich der Ingewahrsamnahme der Überführten gerne annahmen, so dass keine akute Fluchtgefahr mehr bestand. Ich verabschiedete mich in Richtung Arbeit und fühlte mich so richtig heldenhaft gut. Stolz wie Oskar! Und in der Firma verspürte ich den unbändigen Drang jeden Kollegen und jede Kollegin unverzüglich über diese Rettungstat in Kenntnis zu setzen, egal ob es sie interessierte oder nicht...

Aber so eine gute Tat musste doch in die Welt getragen werden! Stimmt´s? Das sollte einfach jeder wissen!

... beim „Tag des offenen Kreißsaals"

Es war ja schließlich unsere erste Schwangerschaft. Aus diesem Grunde beschlossen Elke und ich den Entbindungs-Informationsabend des Hochwald-krankenhauses in Bad Nauheim, zu besuchen. Zahlreiche werdende Mütter und Väter versammelten sich in der Cafeteria, welche im Untergeschoss des Gebäudes angesiedelt war. Ca. 25 Frauen – durchgehend mit mehr oder weniger beachtlich dicken Bäuchen – sowie eine etwas geringere Anzahl an meist besorgt drein-blickenden, dazugehörigen Männern, fanden sich zu dieser Veranstaltung ein. Auch bei den Herren gab es Exemplare, welche vereinzelt ihren Frauen – körperumfangmäßig – in Nichts nachstanden, und man konnte sich bei dem einen oder anderen Paar durchaus schon mal fragen, wer von beiden denn wohl eher entbindet.

Nach einer kurzen Begrüßung der Anwesenden durch zwei Hebammen, sowie der Vorstellung des geplanten Ablaufes der Veranstaltung, begaben sich alle Interessierten in die Aufzüge, bzw. auf die Treppen des Gebäudes, um zu Tagesordnungs-punkt 1, der Begehung der für uns interessantesten

Räumlichkeiten, welche sich im vierten Stock befanden, zu gelangen. Genau dort nämlich befindet sich in diesem Haus die Entbindungsstation. Schon als ich den Aufzug betrat, und an der Etagen-Orientierungstafel das Wort <Kreißsaal> las, wurde mir erstmals an diesem Abend leicht schummrig. So wie eigentlich meistens, wenn ich Begriffe die mit Krankenhaus/Operationen/Geburt usw. zu tun hatten, zu hören oder zu lesen bekam.

Im vierten Obergeschoss angekommen, ging es mir deshalb nicht wirklich gut. Doch ich hatte zunächst noch mal Glück. Wir konnten die Station nicht betreten, da gerade eine Geburt in vollem Gange war. Also, Kommando erst mal zurück und alle Leute wieder nach unten ins Cafe.

Es war zwar nur eine kleine Verschnaufpause für mich, aber mein Zustand wurde mit jedem Meter, den ich mich vom Kreißsaal entfernte, spürbar stabiler. Man musste also nun das Programm ändern, den Tagesordnungspunkt 2 kurzerhand vorziehen, und etwas improvisieren. Mir sollte es recht sein. In sicherer Entfernung der besagten Örtlichkeit, würde ich das alles schon irgendwie überstehen, dachte ich mir.

Abermals in der Cafeteria angekommen, begannen eine Ärztin und eine Hebamme schon mal mit ihren Ausführungen, die eigentlich erst für einen späteren Zeitpunkt – eben nach der Besichtigung der Entbindungsstation – geplant waren. Anfangs hörte sich das, was sie uns vortrugen, auch noch harmlos an. Doch mit der Zeit wurden die Erläuterungen immer detaillierter und erschreckend konkret. Die <Saugglocke>, die <geplatzte Fruchtblase> und den <Dammschnitt> stand ich noch einigermaßen locker und entspannt durch. OK, immer mulmiger wurde mir schon. Das gesamte Blut begann sich aus meinem Hirn zu verabschieden und schoss rasant aus meinem Schädel hinaus, irgendwohin in den Körper. Nach einem Blick in die Runde ergriff mich die Ahnung, dass es einigen anderen, der hier versammelten Jungs, zumindest ähnlich ergehen musste. Spontan beruhigte mich das etwas, aber dieser Zustand verflog leider doch zu flott. Ich kämpfte noch dagegen an, indem ich mir dachte, ich sitze ja schließlich vermeintlich sicher auf meinem Hocker. Was sollte da schon groß passieren?

Die Erwähnung des durchaus belastenden Begriffes der <Zangengeburt> allerdings, gab mir dann doch den Rest! Eigentlich kein Wunder, denn solche „Hardcore-Begriffe" gehen auch an den härtesten Männern nicht spurlos vorüber. Ich schwankte inzwischen wie ein stark ange-schlagener Boxer, der sich außerdem noch auf einem Schiff bei extrem starkem Seegang befand. Ich musste reagieren, wenn ich nicht plötzlich, hier in der Cafeteria, vor allen Leuten, spektakulär auf den Boden knallen wollte. Diese Blamage musste jetzt wirklich nicht sein.

„Nein, so etwas brauche ich nicht", bildete sich ein letzter klarer Gedanke, in meinem ansonsten dicht vernebelten Gehirn, und ich beschloss in die Offensive zu gehen. Dass die Situation hier für mich noch besser wird und ich mich doch erneut fangen könnte, erschien mir eher naiv und unglaubwürdig zu sein. Ich hauchte Elke die Info zu, dass ich nur mal kurz die gegenüberliegende Toilette aufsuchen müsste, zu und versuchte mich möglichst unauffällig zu erheben. Wie gut oder schlecht mir das gelang, entzieht sich meiner Kenntnis. Mehr oder weniger sicher und geradlinig muss ich aus dem Raum gewankt sein, und traf sogar, rein zufällig, auf Anhieb die richtige, der beiden mit „00" beschrifteten Türen. Die ebenfalls abgebildeten Symbole, welche „Männlein" bzw. „Weiblein" darstellen sollen, konnte ich an diesem Abend, in meinem Zustand nicht mehr unterscheiden.

Irgendwann, wann genau, weiß ich nicht mehr, erwachte ich wieder. Zu meinem überaus großen Erstaunen lag ich, in einem der Toiletten-Separees, zusammengekauert auf dem Boden. Und das, obwohl ich eigentlich immer der festen Überzeugung war, dass mir meine stattlich ausgewachsenen Füße (mit der Schuhgröße 50/51 – je nach Schnitt des jeweiligen Schuhs –) eine absolute Standfestigkeit in allen Lebenslagen garantieren würden. Anscheinend war das aber ein gewisser Trugschluss.

Ganz dunkel erinnerte ich mich vereinzelt an so manches, was bisher geschah. Das, was sonst noch geschehen sein musste – also wie ich z.B. auf den Toilettenboden zu liegen kam – konnte ich nur erahnen.

„Nix wie raus hier. Am besten gleich an die frische Luft", kam es mir in den Sinn, den ich anscheinend als erstes wieder beisammenhatte. Etwas ungünstig fand ich zwar, dass die Tür der gegenüberliegenden Cafeteria, also der Saal, in dem die Interessierten des Infoabends auf die neuesten Erkenntnisse in Sachen Entbindung warteten, aus Glas und damit vollständig durchsichtig war. Es lag mir einfach fern, dort unangenehm aufzufallen, aber es führte nun mal kein Weg daran vorbei (oder besser gesagt, es führte der Weg nur genau daran – also an der Cafeteria – vorbei).

Mit einer „Augen zu und durch"- Einstellung riss ich die Toilettentür auf, und schoss, so rasant es mein Zustand erlaubte, hinaus, einfach Richtung Ausgang. Um ins Parterre zu gelangen, mussten etwa um die 10–12 Treppenstufen erklommen werden. Obwohl sich alles um mich herum wie im Vollrausch drehte, erinnere ich mich noch genau, wie ich die oberste Stufe erreichte...

Als ich dann erneut erwachte, lag ich mitten in der Eingangshalle des Krankenhauses, alle Viere von mir gestreckt, rücklings flach auf dem Boden. Merkwürdigerweise befanden sich eine ganze Menge, mir völlig unbekannter Leute um mich herum. Meine rechte Hand hielt ein nach Arzt aussehender Mann, während mein linker Arm von einer, ebenfalls medizinisch ausgebildet erscheinenden jungen Frau, liebevoll gestreichelt wurde. Das war unglaublich angenehm.

Ich hörte sie sagen: „Schau, jetzt kriegt er wieder die Farbe eines Lebenden ins Gesicht."

Anschließend begannen beide Personen mir abwechselnd Fragen zu stellen. Was ich denn hier im Krankenhaus machen würde, warum ich denn bloß wegrennen wollte, wie mein Name lautet, ob ich des Öfteren umkippen würde usw. und so fort. Ich konnte diese Fragen allesamt sehr gut verstehen, aber ich war überhaupt nicht in der Lage zu antworten. Irgendwann gaben beide ratlos auf.

Als ich dort lag und gestreichelt wurde, ging es mir richtig gut. Nur die Fragerei nervte anfangs leicht. Aber selbst die neugierigen Blicke der um uns versammelten Menschenmenge störte mich in diesem Augenblick nicht im Geringsten. Nachdem man merkte, dass von mir keine Antworten zu erwarten waren, beratschlagte man, wie nun weiter vorzugehen sei. Es kam die Anregung, mich vorübergehend in ein Bett zu legen, bis ich erneut vollständig zu mir gekommen sei. Und ein EKG wäre ebenso nicht schlecht, meinte zumindest die sympathische, junge Dame, die mir nach wie vor am Arm Streicheleinheiten zukommen ließ. Der Arzt hatte inzwischen sein Telefon gezückt und mehrere kurze Gespräche geführt, bis er die Info erhielt, dass in einem Vorraum der Intensivstation ein Bett und ein Platz für dieses zur Verfügung stünde.

„Also los, holt das Bett und bringt ihn dorthin" wies die "zärtliche" Frau ihre Assistenten zur Eile an.

Soweit ich das mitbekommen habe, lächelte ich die ganze Zeit über vor mich hin. Nur antworten konnte ich einfach nicht. Es war nicht möglich, so gerne ich auch etwas auf die einwandfrei verstandenen Fragen erwidert hätte.

Erst in der Intensivstation, nachdem das EKG keine nennenswert beunruhigenden Ergebnisse geliefert hatte, und der Blutdruck zurück in vernünftige Bereiche gestiegen war, fand ich meine Sprache wieder. Inzwischen wurde ich leider nicht mehr von der besagten Frau betreut und gestreichelt. Hier verrichtete eine Schwester Simone ihren Dienst. Sie war aber auch nett und zuvorkommend. Allerdings bekam ich nun abermals die gleichen Fragen wie bereits auf dem Boden in der Eingangshalle gestellt.

Diesmal war es mir sogar ein großes Bedürfnis, umfangreich Auskunft zu geben, denn ich wollte inzwischen eigentlich nur noch nach Hause. Und außerdem fragte ich mich jetzt, wo denn Elke gerade sei, und was sie wohl von meinem Verschwinden hielt. Ich berichtete Simone, dass ich direkt gegenüber des Krankenhauses wohne, und fragte ob sie bitte mal dort anrufen möge, damit sich meine Frau keine Sorgen mehr machen muss.

Die Info-Veranstaltung war in der Zwischenzeit mit der Erörterung sämtlicher offener Fragen, sowie, doch noch, einer abschließenden Besichtigung des Kreißsaals zu Ende gegangen. Elke dachte sich anfangs, ich wäre nur mal an die frische Luft gegangen und würde draußen vor der Türe auf sie warten. Dem war leider nicht so. Anschließend glaubte sie, dass es mir eventuell zu kalt gewesen ist, und ich es deshalb vorzog, zuhause auf sie zu warten. Als ich dort nicht vorzufinden war – und übrigens auch keine Nachricht von mir – startete sie erneut eine Fahndung im Freien. Fragen wie:

„Was ist bloß passiert?" und „Wo mag dieser Kerl bloß stecken?" fingen langsam an sie zu beunruhigen. Als dann sogar diese Suche erfolglos abgebrochen wurde, und sie nach Hause zurückkam, blinkte ihr der Anrufbeantworter heftig entgegen. Voller Spannung hörte sie die folgende, wohl durchdacht und einfühlsam formulierte Mitteilung: „Hallo, hier spricht Schwester Simone, von der Intensivstation des Hochwald-Krankenhauses. Ihr Mann ist kollabiert und liegt jetzt hier. Bitte melden Sie sich umgehend und dringend bei mir!"

Nachdem ich eine gefühlte Ewigkeit auf der Station gewartet hatte, und Elke endlich dort auftauchte, sah sie recht besorgt aus.

Später dann, zuhause, kamen wir natürlich zwangsläufig auf das alles beherrschende Thema zu sprechen: Soll ich bei der Geburt tatsächlich dabei sein? Oder ist das zu gefährlich?
Klar, auch Elke würde es bevorzugen, mich dann an ihrer Seite zu wissen, aber an diesem Abend war sie, verständlicherweise, strikt dagegen.
„Wenn Du dann wieder umkippst.... Wer weiß was dann passiert? So jemand kann ich dann bestimmt nicht neben mir gebrauchen!" versuchte sie mich davon abzubringen, es auf einen Versuch ankommen zu lassen.

An diesem Abend sagte ich nicht mehr viel zu diesem Thema. Ich musste mir nicht klar darüber werden, ob ich dabei sein wollte, sondern nur wie ich das hinkriegen könnte.

Derlei Gedanken quälten am nächsten Morgen, auf der Fahrt zur Arbeit mein Hirn, und ich war verwirrt. Während der Fahrt auf der A5, kurz hinter der Auffahrt Friedberg, vernahm ich plötzlich aus dem HR1-Radio einen bekannten Song von Jimmy Cliff. Der Refrain lautete: „You can get it if you really want! But you must try try try .....! You´ll suceed at last!"

Genau das war`s, was ich an diesem Morgen benötigt hatte. Ab diesem bahnbrechenden Moment war ich mir absolut sicher, dass ich die Geburt auf jeden Fall überstehen werde. Und zwar standhaft auf meinen zwei Beinen!

Ca. zwei Monate später war der große Tag gekommen. Und was passierte?????

Tja, mit dem erwähnten Song im Ohr konnte ja nichts schief gehen. Ich stand Elke zur Seite, die Geburt verlief problemlos, Miriam kam gesund zur Welt und alle waren glücklich und zufrieden.

... am Bahnhof

Obwohl es gerade erst 6:23 Uhr war, hatte die astronomische Dämmerung (ca. 90 Minuten vor Sonnenaufgang) eingesetzt und ich konnte bereits einiges um mich herum zumindest schemenhaft erkennen.

Mir war das eigentlich völlig egal, denn ich wusste, wie es hier aussah. Schließlich kam ich jeden Tag annähernd um die gleiche Zeit am Bahnhof in Bad Homburg an. Wie auch immer, hell oder dunkel oder dämmernd, ich kannte den Weg, den ich zu gehen hatte und wusste, was mich hier erwartete. Zumindest dachte ich das.

Kleine Rückblende:
auf der Fahrt hierher in der S-Bahn war alles wie gewohnt. Es saßen genau dieselben – huch, jetzt wäre mir beinahe das Wort „Schnarchnasen" rausgerutscht – Leute drin, wie an jedem anderen Morgen auch. Fast alle auf ihrem täglichen Weg zur Arbeit.

Jeder starrte genauso frustriert vor sich hin wie bereits am Tag zuvor und fünfmal in der letzten Woche. Aber eigentlich sollte ich diesbezüglich lieber mal ganz ruhig sein. Wahrscheinlich dachten einige der Mitreisenden von mir Ähnliches!

Nur einer unterschied sich aktuell von den anderen. Er las im Telefonbuch von Seulberg, und zwar Seite für Seite. Na ja, warum nicht? Wenn man so etwas spannend findet…

Der Zug aus Richtung Friedrichsdorf fuhr also, wie üblich leicht verspätet, an Gleis 3 des Bad Homburger Bahnhofes ein. Alles wie gehabt. Ganz normal eben. Nichts Außergewöhnliches.

Wer den Hinterausgang dieses Bahnhofes durchschritten hatte, traf nach wenigen Metern auf einen Pendler-Parkplatz. Es bestand allerdings auch die Möglichkeit kurz davor, nach links abzubiegen. Dann gelangte man auf einen unbefestigten Weg, welcher besser nur bei trockenem Wetter genutzt werden sollte. Dieser Pfad führte vorbei an ungepflegtem Bahnhofs-Randgebiet, das einen gewissermaßen verwahrlosten Eindruck machte und nach so etwas wie einer kleinen Schutthalde aussah. Auch hier gab es keinerlei besonderer Auffälligkeiten an diesem durch und durch gewöhnlichen Morgen.

Ca. 30 m nach Verlassen der Bahnhofs-Unterführung konnte ich nun wieder auf eine ordentlich befestigte Straße abbiegen, oder aber auf dem schlaglöchrigen Gelände verbleiben, welches einem Fußgänger – vorausgesetzt, er hatte den Sitz meines Arbeitgebers als Endziel im Visier – ein paar Schritte weniger abverlangte. An Wintermorgen war dieser Weg allerdings nur mutigen, furchtlosen, harten Männern zu empfehlen, denn da dort niemals eine Beleuchtung installiert wurde, erschien mir der Bereich unübersichtlich und abenteuerlich. Aber, wie eingangs erwähnt, dämmerte es an diesem Tag bereits. Ich wählte – übrigens als einziger der angekommenen Pendler – den Abenteuerweg. An einem fast schon auffallend unauffälligen Tag wie diesem wollte ich lieber ein paar Meter sparen.

Genau ab der Stelle, an der man sich zwischen der befestigten, gut ausgeleuchteten Straße und dem einsamen, geheimnisvollen Weg entscheiden musste, schloss sich ein gewerblich genutztes Terrain an.

Hundertprozentig wusste ich nicht, was sich dort so alles abspielte, aber irgendetwas mit Schrotthandel musste es zu tun gehabt haben. Es befanden sich z.T. stattliche Sammlungen an alten Waschmaschinen und anderer Geräte dieser Art auf und neben dem eingezäunten Grundstück. Es gab u.a. auch drei Abfallcontainer, etwa 70 m hinter der erwähnten Weggabelung. Komischerweise waren diese Behälter immer am Überquellen. Jeden Tag.

Und ich erkannte, dass überdies vielfältiger Unrat um die Container herum verteilt auf dem Boden lag. Je mehr ich mich der Schrottsammelstelle näherte, desto mehr Aufmerksamkeit schenkte ich dem dort abgelegten Kram. Irgendetwas erschien mir an diesem eigentlich gar nicht besonders erwähnenswerten Tag anders als sonst. Aber was war es? Es musste etwas mit dem verstreuten Abfall zu tun haben.

Dieser setzte sich überwiegend aus Plastiktüten, mit großer Variationsbreite an verschiedensten Inhalten, zusammen. Ab und an lag dann auch mal nicht eingetüteter Plunder dabei. Aber im Allgemeinen alles eher Teile kleinerer, bis allerhöchstens mittlerer Größe.

An diesem Tag fiel mir allerdings schon aus weiterer Entfernung ein ungewöhnlicher und erstaunlich umfangreicher „Gegenstand" auf, welcher vornehmlich aufgrund seiner Form meine Aufmerksamkeit strapazierte. Ein längliches Objekt in nicht klar definierbarer Kolorierung lag dort ausgestreckt am Boden. Eigentümlich. Was war das nur für eine Farbe? Beige? Ein blasses orange-gelb? Nein, der Ton kam irgendwie in Richtung hautfarben erscheinend in meinen Augen an.

„Ist aber auch schwer einzuordnen, bei der geringen Helligkeit im Morgengrauen", beruhigte ich mich.

In meinem Kopf begann eine hektische Suche nach vorstellbaren Erklärungen, um was es sich handeln könnte. Jede angedachte Möglichkeit wurde rasch wieder verworfen, da stets mindestens ein Merkmal nicht auf das Gebilde, welches sich nun nur noch geschätzte 50 m vor mir auf dem Boden erstreckte, passte. Ich verringerte meine Schrittfrequenz und begann, vorsichtig und behutsam zwar, aber doch sehr stutzig und neugierig zu werden. Die diffusen Licht-verhältnisse trugen signifikant zu meiner Verunsicherung bei.

Das Corpus delicti schien an bestimmten Stellen größere bräunliche Flecken aufzuweisen. Das war zwar ungewöhnlich, aber bestimmt irgendwie erklärbar. Nein, oh Gott, ich konnte es gedanklich drehen und wenden, wie ich wollte, es sah, zumindest von meiner Perspektive, verdammt nochmal so aus, als würde da ein menschlicher Körper liegen. Und noch dazu spärlich bekleidet.

„Warum um alles in der Welt bin ich nur diesen mysteriösen Weg gegangen??? Hätte ich diesen Tag nicht so normal und unaufgeregt lassen können, wie er sich bislang präsentierte? Nein, ich musste ja unbedingt das Abenteuer suchen. Ich brauchte wohl noch einen speziellen Kick! Reicht dir deine tägliche spannende Sachbearbeiter Tätigkeit nun nicht mehr aus?", fragte ich mich.

„Morgen gehe ich bestimmt wieder den anderen Weg. Die sichere Straße entlang. Mit all den anderen Schnarchnasen", resümierte ich sorgenvoll.

An einem Ende des besagten Objektes erkannte ich, je näher ich mich anschlich, Formen, die wie Füße, mutmaßlich mit Schuhgröße 39 bis 40, aussahen. Ja, es wurde immer deutlicher, es bestand die Möglichkeit, dass es die Konturen einer menschlichen Gestalt waren.

„Und dies hier könnte einen Arm darstellen …" Aber das konnte ja gar nicht sein. So etwas gabs eigentlich nur im Fernsehen, in schlechten Krimis. Aber nicht in echt! Man findet doch nicht mal eben so auf dem Weg zur Arbeit einen fast nackten Körper am Boden rumliegen.

Mir wurde abwechselnd heiß und kalt bei der Fiktion, was mich da in ca. 20 m Entfernung erwarten könnte. Abscheuliches Kopfkino!

„Die bräunlichen Flecken am Rumpf, konnte das evtl. angetrocknetes Blut sein? Was war hier passiert?"

118

Es war so grausam gruselig, dass ich keinen klaren Gedanken denken konnte. Ganz vorsichtig und behutsam schob ich mich vorwärts in Richtung der Container.

Bewegt hatte sich der Körper noch nicht, seit ich ihn ins Visier genommen hatte. Kein Zucken, kein Heben und Senken des Brustkorbes, was auf Atmungsaktivität hingewiesen hätte, war zu erkennen. Nichts. Einerseits wollte ich auf der Stelle umdrehen, mir den möglicherweise schrecklichen Anblick ersparen und schleunigst die Polizei benachrichtigen. Andererseits war ich auch ausgebildeter Ersthelfer und musste mich zumindest vergewissern, ob dort jemand meine dringende Hilfe benötigte. Es zog mich aber auch eine geheimnisvolle Kraft genau an diese Stelle hin. Solange ich nicht sicher sein konnte, worum es wirklich ging, konnte ich natürlich auch niemanden benachrichtigen. Wenn es dann nur eine optische Täuschung sein sollte..., nicht auszudenken!

Somit quälte ich mich noch, mit zitternden Knien die letzten Schritte bis zum bitteren Ende zu gehen. Meine Augen waren uneingeschränkt starr auf das Objekt fixiert. Vermutlich sah ich reichlich blass aus, um die Nase. Der Körper, und es war eindeutig ein weiblicher, – der Eindruck bestätigte sich mit jedem Meter, den ich näher kam – lag weiterhin völlig regungslos da. Der Kopf schien etwas erhöht abgelegt worden zu sein. Endlich hatte ich die ominöse Stelle erreicht, und es fielen mir die merkwürdig grinsenden Gesichtszüge der Frau auf dem Boden auf. Ausgesprochen unecht und künstlich lächelte sie mich an. Ich wusste in diesem

Moment wirklich nicht mehr, ob ich weinen oder nicht doch lieber laut lachen sollte, als ich entdeckte, dass es sich um eine weibliche Gummipuppe in Lebensgröße handelte. Ich hatte ja schon von solchen Fabrikaten aus dem Sexshop gehört, aber zu Gesicht hatte ich bislang noch keine bekommen. Und jetzt auch noch auf diese Art und Weise! Bis zwei Schritte vor ihr musste ich mit dem Schlimmsten rechnen, und dann sowas! Ich war absolut bedient! Für diesen Tag reichte es mir! Allerdings konnte ich von Glück reden, dass ich nicht vorher schon die Polizei alarmierte!

... auf der Spielemesse

Der absolute Höhepunkt des Jahres – genauer gesagt eigentlich eines jeden Jahres – die Spielemesse in Essen, hatte endlich wieder ihre Pforten geöffnet.

Exakt 361 erwartungsvolle und sehnsüchtige Tage lagen hinter mir, seitdem dieses Highlight das letzte Mal stattfand. Doch nun endlich war es abermals so weit. Und ich war mittendrin! Freudig erregt, nicht viel anders als ein verwöhntes Kleinkind an Heiligabend, „schwebte" ich glückselig durch die Messehallen und genoss es, dass mir jetzt erneut drei traumhaft schöne, spielerische Tage bevorstanden. Ja, diese <Internationalen Spieletage> in Essen sind ein „Muss" für alle kleinen und großen Kinder, also ganz besonders auch für mich!

An jenem Tag hatte ich bereits die eine oder andere Neuerscheinung ausprobiert, als ich schließlich am Stand einer großen Firma, aus der Nähe des Bodensees, vorbeikam. Wenn man sich einem Verlagsstand nähert, muss man bereits im Vorfeld versuchen sich einen Überblick zu verschaffen, wo sich evtl. gerade ein freier Platz zum Spielen befindet, bzw. an welchem Tisch sich eine Spielrunde gerade auflöst. Eine weitere Möglichkeit fand ich in diesem Moment vor.

Es saßen zwei, sehr sympathisch aussehende, junge Damen zusammen, welche gerade die Figuren eines Spieles in die Startaufstellung postierten. Das Spiel sollte also in Kürze erst beginnen. Rasch sprintete ich zu besagtem Tisch und fragte freundlich, ob denn nicht evtl. noch Mitspieler benötigt würde. Beide nickten wohlwollend, und so war ich dabei. Eine fachkundige Anleitung durch die Betreuer des Standes war in diesem Falle nicht von Nöten, denn die beiden Frauen kannten das Spiel und wussten genau wie es funktionierte. Ich merkte schon nach ein paar wenigen Spielzügen, dass mir der Mechanismus und der Ablauf gut gefiel. Ja, es machte Spaß.

Während des Spieles kamen des Öfteren Mitarbeiter des Verlages vorbei und sprachen eine meiner beiden Mitspielerinnen mit den Worten an: „Echt jetzt, Jutta? Du spielst das hier?" oder: „Willst Du nicht mal etwas Neues ausprobieren?" oder auch: „Aber das kennst Du doch schon!", und vieles mehr...
Anfangs wunderte ich mich noch, erstens über den Bekanntheitsgrad der Angesprochenen, und zweitens über die Art der Bemerkungen. Im Laufe der Zeit kristallisierte sich aber immer mehr heraus, dass Jutta irgendetwas mit dem Spiel zu tun hatte. Schließlich wurde sie noch mit der Bemerkung: „Na, musst Du Dein eigenes Spiel noch mal testen?" angesprochen.
Da war es mir sofort klar. Sie musste eine Kollegin sein, und zwar die Autorin dieses Werkes.

Und wie gesagt, es war sogar ein äußerst Gelungenes. Schon vorher gab ich durchaus Signale, dass mir das Spiel zusagte, aber nun, da ich das Vergnügen, oder noch besser, die Ehre hatte, mit der Schöpferin zusammen am Tisch zu sitzen, musste ich dies nochmals besonders deutlich ausdrücklich artikulieren. Um mich bei ihr richtig einzuschleimen, lobte ich das Spiel nun in den höchsten Tönen. Es war nicht schwierig, da ich ja lediglich etwas übertreiben und nicht lügen musste. Und so kommunizierte ich ihr dann auch vollkommen offen und ehrlich, dass mir ihr Werk äußerst gut gefiel, dass es ungeheuren Spaß mache es zu spielen, und dass es eigentlich nur einen klitzekleinen Schönheitsfehler hatte. Dieses durch und durch gelungene und ansprechende Spiel hätte auf jeden Fall eine deutlich bessere grafische Ausstattung verdient.

„Aber da hat der Verlag leider etwas geschludert, oder besser gesagt am falschen Ende gespart!", hörte ich mich noch anmerken.

Es war allerdings genau diese ehrliche Offenheit, die mir in diesem Moment – ich will nicht gerade sagen, zum Verhängnis wurde – aber zumindest eine tiefe Schamesröte ins Gesicht trieb, denn auf diese Bemerkung hin, outete sich meine Mitspielerin endgültig – und für mich äußerst niederschmetternd – als Grafikerin.

Sie war gar nicht für den gelungenen Spielespaß und hohen Unterhaltungswert verantwortlich. Nein! Sie hatte die grafische Ausgestaltung übernommen, und war, bis zu diesem Zeitpunkt jedenfalls, recht zufrieden mit ihrer Arbeit gewesen. Dies war in meiner bis dato 10-jährigen Spielemessepräsenz der erste und einzige Moment, in dem ich es zutiefst bereute, jemals diese Hallen betreten zu haben. Rausreden ging in der Situation nicht mehr. Kein Satz der Welt konnte die Lage entschärfen. Da nützt auch nicht der Standard-spruch, den man aus diversen Filmen zur Genüge kannte: „Es ist nicht so wie es scheint! Ich kann Dir alles erklären!" Nein! Es war zu spät, und es war wie es war! Inzwischen klatschnass geschwitzt, suchte ich nur noch das Weite, sprich: einen anderen Verlagsstand, andere Spiele, neue Mitspieler..., und bloß keine Grafikerinnen mehr! Seitdem bin ich Jutta glücklicherweise nie wieder begegnet, und das kann meinetwegen so bleiben…

...vor dem Kindergarten - fasching

Es war eine allseits beliebte Tradition. In Miriams Kindergarten fieberten alle Kinder dem Faschingsdienstag entgegen. Dieser Tag war ein Jahres-Highlight denn nachmittags stieg die große Party, zu der auch alle Eltern eingeladen wurden.

Absolute Hauptattraktion war dabei Volkers Geisterbahn, welche er Jahr für Jahr im Treppenhaus des Gebäudes zu diesem Event sehr kreativ und fantasievoll errichtete. Leider bin ich nie in den Genuss gekommen, diese Sehenswürdigkeit erleben zu dürfen, weil ich einfach zu groß (also im Sinne von zu lang) war. Ich passte dort schlichtweg nicht hindurch. Aber die Kinder waren Jahrein jahraus unvermindert begeistert. Die meisten von ihnen die diese „Gruselstrecke" durchlaufen hatten kamen mit breitem Grinsen auf dem Gesicht und den Worten „Ich will nochmal!!!" auf den Lippen am Ausgang heraus.

Alle freuten sich auf das große Ereignis, ja, wirklich alle! Kinder, Erzieher und Eltern sprachen in den Tagen vor der närrischen Fete von nichts anderem mehr. Und im Jahr 2001 hatte ich erstmals mein Erscheinen auf dieser Veranstaltung mit Kultstatus angekündigt.

Am Freitag vor dem Faschingswochenende holte ich, wie üblich, mein Kind so gegen 15:30 Uhr aus dem Kindergarten ab. Kurz nach dem Betreten des Gebäudes lief mir Siggi, einer der Erzieher, über den Weg und lächelte mich merkwürdig verschmitzt an. Er hatte es eilig und daher konnte ich ihn nicht nach dem Grund seiner Erheiterung fragen.

„Schön, wenn er sich so freuen kann", dachte ich noch bei mir und schritt weiter voran, auf der Suche nach meiner Tochter. Mir war natürlich, als inzwischen mächtig erfahrener „Miriam-vom-Kindergarten-Abholer", durchaus bewusst was sich hier nun gleich wieder für ein Drama abspielen sollte, wenn ich die arme Kleine – gegen ihren Willen – aus dem Kindergarten herauszerren muss. Die allermeisten Kinder in der Einrichtung liefen bei der Abholung voller Begeisterung auf ihre Eltern zu, umarmten diese innig und waren glücklich, weil sie nach einem wunderschönen Tag mit ihren Freundinnen und Freunden nun wieder nach Hause, zu ihren lieben, treusorgenden Eltern durften. Nicht so Miriam. Wenn sie mich nicht rechtzeitig kommen sah (um sich rasch noch verstecken zu können) stand ihr täglich die Enttäuschung ganz groß ins Gesicht geschrieben, denn sie hatte zu so vielem Lust, nur nicht dazu mit ihrem Papa nach Hause gehen zu müssen. Was muss ich wohl für ein „Rabenvater" gewesen sein… Ich kam mir jeden Tag aufs Neue durch und durch mies vor. Und ich verspürt im Laufe der Zeit immer weniger Freude daran, meine Tochter aus ihrem

Paradies abzuholen. Ach, wie beneidete ich die anderen Eltern in diesen Momenten...

Fairerweise muss ich aber dazusagen, dass es den anderen Erziehungsberechtigten insgesamt nicht besser ging als mir. Denn die meisten von ihnen hatten das Drama eben morgens, beim Abgeben der süßen Kleinen im Kindergarten. Da war ich jeden Morgen richtig glücklich, wenn Miriam freudig aus dem Auto sprang, mich meistens keines Blickes mehr würdigte, und voller Tatendrang so wie erfüllt von Vorfreude, einem abenteuer- verheißenden Tag entgegenschritt. Das waren dann für mich die genussvollen und entspannten Augenblicke in denen ich rings um mich herum zahlreiche heulende, an ihren Müttern herumzerrende Jungen und Mädchen bemerkte, welche sich partout nicht vorstellen konnten, sich für ein paar Stunden mehr als einen Meter von ihrer liebsten Vertrauensperson zu entfernen. Dann nickte ich den bedauernswerten Eltern triumphierend zu, ganz so als wollte ich damit prahlen, dass es mir nicht so ging und sah dabei oft in recht verzweifelte Gesichter. Die eine oder andere Mutter ärgerte sich über mein arrogantes Gehabe aber die meisten dachten sich bald nur noch: „Warts ab, Freundchen, wir sehen uns heute Nachmittag wieder! Mal sehen wer dann grinst..." Da war was Wahres dran.

Ich schweife gerade vom eigentlichen Thema ab... Was ich im Grunde erzählen wollte ist, an diesem besagten Freitag vor dem Faschings- wochenende kamen mir alle Erzieher und Erzieherinnen, die ich traf, erstaunlich erheitert und in einer gewissen Weise erwartungsfroh vor. Jeder dieser Personen zauberte ich, ohne mein aktives Zutun, sozusagen ein Schmunzeln oder Grinsen ins Gesicht. So langsam machte mich das leicht verlegen und unsicher. Stimmte etwas mit meiner Frisur nicht? Trug ich mein Hemd aus Versehen „auf links" oder was war es sonst?

Dann endlich traf ich auf Marion. Sie war meine Lieblingsgesprächspartnerin und wir unterhielten uns, wenn wir beide gerade die Zeit dazu hatten, stets nett. Und auch sie konnte ihr Feixen nicht unterdrücken, als ich sie begrüßte. Was zum Teufel ging hier vor? Also, die Marion war stets erfreut, wenn sie mich sah, aber heute zeigte sie eine ganz andere, besondere Mimik, so wie mir vorher auch die anderen aus ihrem gesamten Kollegenkreis begegnet waren. Heute Morgen bei unserem gewohnten Frühplausch verhielt sie sich noch ganz normal. Da war mir nichts Besonderes aufgefallen. Komisch.

„Hey Marion, alles klar?", sprach ich sie lässig an.

„Na logisch", antwortete sie und fügte hinzu, „bei Dir auch?"

„Ja, schon, aber ich bin, ehrlich gesagt, ein wenig irritiert. Ist hier heute irgendetwas Außergewöhnliches vorgefallen, dass ihr euch alle einen grinst, wenn ihr mich seht?" Mit Marion verstand ich mich richtig gut, da konnte ich schon mal so direkt fragen.

„Tja", meinte sie keck schmunzelnd, „wir sind eben alle wahnsinnig gespannt auf Dienstag, auf Miriams und Deine Verkleidung." Bis zu diesem Zeitpunkt hatte ich mir über meine Maskerade noch keine Gedanken gemacht, und was Miri betraf, ging ich bis dato von einer Art Prinzessinnen-Feen-Kostüm als präferiertem Wunsch-Outfit aus. Unterhalten hatten wir uns aber noch nicht darüber.

„Wieso jetzt genau, seid ihr alle wahnsinnig gespannt darauf? Wenn man fragen darf?"

„Naja, also wir haben heute im Morgenkreis über Dienstag gesprochen. Und da sollte jedes Kind sagen, als was es sich zur Faschingsparty verkleiden wird. Als Miriam an der Reihe war sagte sie: „Ich gehe als das, was mein Papa früher mal war." Nun wollten wir es natürlich genauer wissen, was ihr Papa früher mal gewesen war, und deswegen fragte Siggi interessiert nach. Daraufhin antwortete Miriam ein Wort, welches jeder anwesende Erwachsene akustisch klar, deutlich und zweifelsfrei als <Callboy> erfasste.

„Also Klaus, das hätten wir Dir gar nicht zugetraut!" Marion war so richtig zum Scherzen zumute. Inzwischen waren auch Volker und Heidi im Raum erschienen und bestätigten wild nickend die Erläuterungen ihrer Kollegin.

„Das wird eine Gaudi am Dienstag", freute sich Volker schelmisch. Aber, ob das für eine Kindergartenfete so passend sei, wusste Heidi gerade nicht zu sagen.

„Oh Gott, wie komme ich aus der Nummer hier wieder heraus?" Das Erzieher-Team hatte jedenfalls Spaß. Für mich galt es nun in erster Linie mal Miriam zu suchen, sie aus dem Kindergarten zu schleifen, und zuhause mit ihr die korrekte Aussprache des Wortes <Cowboy> intensiv zu üben.

ES '22

131

...im
Schlafzimmer

Der verheißungsvolle Titel verspricht möglicherweise mehr, als die Geschichte halten kann...

Denn es war so, dass ich eines Tages auf dem Boden unseres Schlafgemachs einen relativ kleinen, etwa 3 mm langen, rot-braunen Käfer munter vor sich hin krabbeln sah. Behutsam beförderte ich ihn unter Zuhilfenahme eines Blattes Papier hinaus in den Garten, auf einen saftig grünen Strauch, wünschte dem Krabbler noch viel Glück und vergaß die ganze Angelegenheit recht schnell wieder.

Allerdings – und das kam mir seltsam vor – fand ich zwei Tage später erneut einen solchen Käfer, wieder auf dem Schlafzimmerboden. Auch dieses Tier wurde von mir hinausbegleitet und im Garten dem natürlichen Kreislauf zugeführt.

Und selbst diese Episode wäre schlichtweg in Vergessenheit geraten, wären da nicht drei Tage später gleich vier Exemplare dieser Spezies im Schlafzimmer auffällig geworden. Langsam wurde ich stutzig. Wo kamen die denn immer her? Es konnte ja eigentlich nur durch das – meist gekippte – Fenster sein. Aber warum fand ich sie immer nur auf dem Boden vor dem Schrank, der genau auf der gegenüberliegenden Seite des Fensters stand?

Warum fand ich die Tierchen nicht zusätzlich auf der Fensterbank? Fragen über Fragen!

Um die Schilderung nicht zu sehr in die Länge zu ziehen, kürze ich etwas ab. Es wurden Tagein tagaus immer mehr Käfer, die unser Schlafzimmer heimsuchten. Längst war es nicht mehr möglich sie alle einzeln nach draußen zu befördern.

Auf der Suche nach den Herkunftswegen erhärtete sich der Verdacht, die kleinen Tierchen kamen aus dem Schrank und wollten zum Fenster. Jener Schrank bestand aus vier Teilbereichen. Nach und nach konnte man dort – vor und hinter jeder Tür – eine immer größer werdende Population von fliegenden und krabbelnden Geschöpfen finden. Allerdings unterschiedlich stark konzentriert. Im Schrank befanden sich eine Vielzahl an diversen Gegenständen. Bettwäsche, Fotoausrüstungen, Strickzeug, meine Spiele-Prototypen, Dinge, welche bei geeigneten Gelegenheiten für Freunde und Verwandte als Geschenk vorgesehen waren, und noch allerlei anderes war darin gelagert. Immer dort, wo ich die aktuell höchste Käferdichte erspähte, durchsuchte ich den Schrank etwas intensiver nach potenziellen Brutstätten.

Betrüblicherweise wurde ich nicht fündig. Und die Frage, was diese possierlichen Sechsbeiner denn nur an unserem Schrank so beeindruckend fanden, beschäftigte und quälte mich.

So entstand Tag für Tag und Woche für Woche immer mehr Gewusel um das besagte Schlaf-zimmermöbel herum. Längst schon hatte ich bzgl. des Bekämpfungsequipments aufgerüstet und den leistungsfähigen Handstaubsauger zur Beseitigung der Plage zum Einsatz gebracht. Der Sauger wurde nach jedem Einsatz unverzüglich geleert und so gründlich gereinigt, bis ich sicher sein konnte den gesamten Inhalt restlos in die Tonne gebracht zu haben. Nicht, dass ich mir im Staubsaugergehäuse noch einen weiteren Nistplatz schaffte. Aber es half alles nichts, der Bestand an diesen ungebetenen Gästen wuchs und wuchs. Teilweise montierte ich die Türen ab, und baute andere Schrankteile auseinander, um zu überprüfen, ob sich dort Nester befanden. Oder kam die Invasion sogar aus dem Holz? Auch für diese kühne These fand sich kein Beleg.

Eines schönen Tages vernahm ich in meiner Firma eine frohe Kunde, die Ankündigung des Besuches unseres Schädlingsbekämpfers für den folgenden Morgen. Das traf sich vortrefflich, denn dieser Experte konnte mir mit Sicherheit genau sagen, um was es sich bei den Käfern handelte, und unter Umständen noch, wie ich sie wieder loswerden konnte. Also habe ich flugs drei Exemplare in ein durchsichtiges Plastikdöschen gesteckt, und dann, früh morgens auf dem Firmenparkplatz, ab damit zum Fachmann, den ich vor Betreten des Werksgeländes abfing.

Dieser zögerte keine Sekunde und meinte zu wissen, dass es sich um „Stegobium paniceums", aus der Familie der Nagerkäfer und der Unterfamilie der „Anobiinae" handelte.

„Dieser charakteristisch geformte Chitin-Panzer und die typische Doppelbehaarung, ja, all das spricht eindeutig für jene Gattung. Im Nachsatz ließ er beiläufig die Bemerkung fallen, man könnte allerdings auch einfach „gemeiner Brotkäfer" dazu sagen.

Auf meine verdutzte Frage, was die denn wohl bei uns gerade im Schlafzimmer (und sogar nur dort!) zu suchen hatten, bekam ich eine mich nicht zufriedenstellende Antwort.

„Die sind immer dort zu finden, wo es was zu futtern gibt. Bestimmt haben Sie irgendwelche Lebensmittel im Schrank deponiert."

Nein, da war ich mir aber hundertprozentig sicher, dass sich in unserem Schlafzimmer keinerlei Nahrung befand. Warum sollte man denn überhaupt so etwas dort lagern?

„Schauen Sie lieber noch mal genau nach. Ich wette, Sie finden etwas, denn ansonsten hätten Sie schließlich keine Stegobiums in solch rauen Mengen." Ich war zwar felsenfest davon überzeugt, der Kammerjäger lag mit seiner Abschlussvermutung falsch, nahm aber die vorgeschlagene Wette trotzdem nicht an.

Nach der Arbeit, wieder zuhause angekommen, machte ich mich geradewegs auf die Suche nach den, ganz bestimmt nicht vorhandenen, Esswaren. Elke kam hinzu und befragte mich nach meinem Vorhaben. Als ich ihr vom Befund und der Schlussfolgerung des Experten berichtete, lachte sie, schüttelte den Kopf und sagte, dass ich mir diese Suche wohl sparen könnte. Da seien definitiv keine Lebensmittel.

So räumte ich den Inhalt des Schrankes erstmalig komplett aus. Bisher hatte ich zwar schon mehrfach diverse Gegenstände herausgeholt und untersucht, aber noch nie wurde ein Fach vollständig geleert. Jedes Teil prüfte ich einzeln auf eventuell anhaftende Speisereste. Nichts dergleichen konnte ich hinter der rechten Tür identifizieren. Im benachbarten Bereich befanden sich wieder größere Mengen an Stegobiums und es schien so, als ob die Spur etwas heißer wurde. Auch dort gab es keine entsprechenden Entdeckungen. Im zweiten Abschnitt von links verzeichnete ich einen erneuten Zuwachs an Käfern, aber diese Sektion war ebenfalls absolut lebensmittelfrei.

„Dann wird ja wohl im letzten Segment ebenso nichts zum Vorschein kommen, das man essen kann", sagte ich mir und begann mit der gründlichen Entleerung.

Nun ja, was soll ich sagen? Wo, wenn nicht hier, musste die Futterquelle sein? Im mittleren Fach steigerte sich das Vorhandensein der Tierchen plötzlich exponentiell. Je weiter ich mich im Fach nach hinten durchkämpfte, je mehr gut gelaunte, weil satt gefressene Käfer kamen mir entgegen. Es wuselte und wimmelte, wohin ich blickte. Die Invasion kam eindeutig hinter einer Plastiktüte mit Spielematerial hervorgekrochen. Die Spannung stieg ins Unermessliche. Was, um alles in der Welt, befand sich hinter dieser Tüte? Ich hatte dieses Fach bereits vor ein paar Tagen inspiziert, damals allerdings die Tüte achtlos an ihrem Ort stehen lassen, und ungeschickterweise nicht dahinter geschaut.

Mit äußerster Vorsicht zog ich an dem Behälter und lugte, innerlich aufgewühlt, dahinter. Auweia!

Was war das denn? Mir fiel eine alte, verschrumpelte und relativ kleine Papiertüte ins Auge, welche an zwei Stellen eingerissen war. Anfangs konnte ich den Inhalt noch nicht definieren, denn genau genommen sah ich nur tausende, flüchtende, ca. 3 mm große, bräunliche Punkte umherflitzen. Zudem befand sich der Fundort in der allerhintersten Ecke des Faches, dort, wo das Tageslicht selbst bei hellstem Sonnenschein nur in deutlich abgeschwächter Form hineinfiel.

Langsam verfestigte sich ein zu Beginn vager Verdacht, um was es sich hierbei handeln könnte. Ich organisierte mir mehrere Plastikmüllbeutel und stülpte diese über die Käfer-Party, um möglichst viele Teilnehmer der Gesellschaft zu erwischen. Dabei tütete ich den Papierbehälter samt Inhalt und einem Großteil des gefräßigen Mobs ein. Fix zugeknotet und dann ab damit, und zwar in die hinterste und weitest entfernteste Tonne auf dem Hof.

So, und was war nun das „Corpus Delicti"? Was hatte die Invasion letztendlich angelockt? Obwohl wir doch Stein und Bein geschworen hatten nichts Essbares im Schlafzimmerschrank gebunkert zu haben.

Es handelte sich um eine Tüte mit diesem Tiertrockenfutter, welches man in Streichelzoos für teures Geld aus den Automaten ziehen kann, damit es die Kinder anschließend an die Tiere verfüttern können. Wir hatten von unserem letzten Besuch dort noch kleine, aber schmackhafte Restmenge übrig, welche wir, völlig unbedarft und ohne darüber nachzudenken, aufhoben, um sie beim nächsten Ausflug zu einem derartigen Ziel aufzubrauchen. Dabei war dann das Tütchen irgendwie und durch irgendwen, unvorsichtigerweise in den Schlafzimmerschrank geraten. Der genaue Hergang blieb ungeklärt. Die gesamten Aufräumarbeiten zogen sich über mehrere Stunden hin....

Aber wir hatten dem Übel ein für alle Mal ein Ende bereitet!

... im
Outdoorladen

Das machen wir schon seit Jahren so.

Ende November, oder auch schon mal Anfang Dezember – je nachdem, wann wir Urlaub bekommen – nehmen sich Elke und ich einen Tag frei und fahren, meistens jedenfalls, nach Gießen. Dort kaufen wir dann alle – bis dahin noch fehlenden – Weihnachtsgeschenke für Freunde und die komplette Verwandtschaft ein. Der Vorteil ist, dann haben wir Ruh` in den letzten 3 – 4 Wochen vor dem Fest!

Und so trug es sich zu, dass wir ebenso im Jahre 2003, wieder um die bereits erwähnte Zeit in Gießen aufkreuzten. Leider hatte ich selbst an diesem Tag noch keinen blassen Schimmer, mit was ich Elke an Heiligabend überraschen sollte. Dies stimmte mich anfangs betrüblich.

Die ersten gemeinsamen Besorgungen gingen uns flott von der Hand (man könnte es auch so formulieren: sie wanderten flott in unsere Einkaufstüten) und es schien ein erfolgreicher Tag zu werden. Ja, es schien so, wenn da nicht meine Einfallslosigkeit in Bezug auf Geschenke für meine Frau gewesen wäre. Da ich aber meist von unerschütterlichem Optimismus getrieben werde, stellte ich mich der Situation und vertraute auf **den** plötzlichen und genialen Einfall.

„Wahrscheinlich erblicke ich urplötzlich **das** Geschenk schlechthin in irgendeinem Schaufenster", beruhigte ich mich.

„Oder es gibt irgendwo nur einen subtilen Hinweis, der mich dann auf die rettende Idee bringt. Und wenn nicht? Dann habe ich schließlich noch drei Wochen Zeit! Das dürfte ja wohl reichen!"

Traditionell trennten wir uns an diesen Tagen meist nach dem Mittagessen, damit jeder noch die Chance erhielt, seine Überraschungen für den Partner unbemerkt zu erstehen. So auch an jenem Montag. Ich schlenderte leicht orientierungslos durch die Stadt und schaute mich interessiert – auf Eingebungen wartend – in der Gegend um. Ständig kreisten dieselben Fragen in meinem Hirn.

„Zu welchen Hobbys und Vorlieben könnte sie noch etwas gebrauchen? Zum Joggen? Zum Tiffany basteln? Zum Lesen? Zum Fahrradfahren, oder Wandern?"

Es wollte mir einfach nicht der alle begeisternde Einfall einfallen. Bei den üblichen Verdächtigen (Karstadt und Kaufhof) wurde ich nicht fündig, also steuerte ich mal den Outdoorladen am „Elefanten-Klo" (= Offizieller Name einer Fußgänger-brückenkonstruktion in der Gießener Innenstadt) an. Das könnte was geben, sprach ich mir beim Eintritt in den Shop selber Mut zu, ohne allerdings zu ahnen was. Ich schlenderte durch das Erdgeschoss, fand aber nichts für mich Inter-essantes. Nach dem anschließenden Bummeln durch das Untergeschoss kam ich einigermaßen gefrustet zurück zum Eingang. Es blieb aber immerhin noch das Obergeschoss. Die Hinweistafel offerierte mir Schlafsäcke (hatte Elke schon), Funktionsjacken (hatte Elke schon), Zelte (hatte…) sowie, und das war schon eher interessant: Hängematten. Wenn mich nicht alles täuschte, hatte sie mal erwähnt, sich gut vorstellen zu können, in so etwas im neuen Garten die Seele baumeln zu lassen. Das ausgestellte Modell gefiel mir farblich ausgesprochen gut. Blieb nur die Frage der Befestigung. Zwei stabile Bäume im optimalen Abstand zueinander fehlten uns noch. Wir hatten im hinteren Bereich des Geländes nur eine Mauer zu bieten. Daran könnte man einen Haken befestigen, und dann?   Was ist mit der anderen Seite?

„Ach, das ist ja heutzutage überhaupt gar kein Problem mehr", versicherte mir die inzwischen herbeigeeilte Verkäuferin. Dafür hatten sie entsprechende Ständer im Sortiment.

Ich überzeugte mich von der Stabilität des Gestells und entschied mich spontan zum Erwerb des benötigten Equipments.

Doch, ja, das wird Elke gefallen! Die Verkäuferin suchte alle Teile zusammen und bat mich ihr an die Kasse im Erdgeschoss zu folgen.

„Das macht dann zusammen, äh…., so und so viel Euro. Zahlen Sie bar oder mit Karte? Ah ja, mit Karte. Gut, Herr Münch (Name wurde von MasterCard abgelesen), dann bitte mit der grünen Taste einmal bestätigen. Danke! Hier Ihr Beleg! Sollen wir das als Geschenk einpacken?"

„Oh ja, das wäre nett!"

Es handelte sich um zwei schmale, aber recht lange Pakete, die weihnachtlich verhüllt werden sollten. Allerdings hatte kein einziges der vorhandenen Geschenkpapiere auch nur annähernd die Maße, welche die Kartons aufwiesen.

„Das wird ein schwieriges Gefummel", erkannte der Mitarbeiter, der den Verpackungsauftrag erhielt.

„Na gut, das kriegen wir schon hin." Umständlich breitete er sich mit den Geschenkpapieren auf den Kassentresen aus. Ich stand fasziniert dabei und war mächtig gespannt, wie er diese Challenge bewältigen wollte. Hauptsächlich aber war ich total happy, ein so schönes, und vor allem überraschendes Geschenk für meine liebe Frau gefunden zu haben.

„Damit kann sie gar nicht rechnen! Das wird der Hit!"

Plötzlich registrierte ich etwas, das es mir eiskalt den Rücken runterlaufen ließ. Ich bildete mir ein, Elkes Stimme vernommen zu haben. Erst ganz schwach und weit weg, dann aber deutlicher und immer näherkommend. Vorsichtig drehte ich mich um. Und was musste ich erkennen? In angeregter Unterhaltung mit einer Verkäuferin näherte sich die Person, welche ich doch eigentlich mit der Hängematte erst zu Weihnachten überraschen wollte. Auweia! Was machte die denn jetzt hier???

Reflexartig drehte ich mich weg von ihr, wohlwissend, dass sie mich eigentlich gar nicht übersehen konnte. Aus ihrer Unterhaltung mit dem Servicepersonal entnahm ich ihren Wunsch, ein Weihnachtsgeschenk für mich zu kaufen. Sie hatte sich für ein <Buff>-Kopftuchstirnband entschieden.

„Das ist eine gute Wahl", dachte ich noch so bei mir, aber schade war, dass die Überraschungseffekte auf beiden Seiten dahin waren. Vorsichtig und mit enttäuschten Gesichtszügen drehte ich mich wieder in ihre Richtung, aber irgendwie reagierte sie gar nicht. Gut, sie stand mit dem Rücken zu mir, aber sie musste mich eigentlich bemerkt haben.

„Komisch, das gibt`s ja nicht."

Ich beschloss blitzschnell, mal so zu tun, als ob ich sie nicht gesehen hätte.

„Vielleicht klappt`s ja doch noch einen Moment lang. Aber irgendwann wird sie zur Kasse gehen. Dann sieht sie zumindest den Verkäufer mit dem Geschenkpapier ringen. Und ganz entfernen kann ich mich ja auch nicht", grübelte ich.

Kenntnisse im „Beamen" wären nützlich gewesen. Außerdem kannten die Kassierer meinen Namen und hätten durchaus laut in die Runde fragen können: „Wo ist denn jetzt der Herr Münch hin? Ich hab`s geschafft. Seine Hängematte ist eingepackt!" Irgend so etwas hätte geschehen können. Das Erdgeschoss des Ladens bot mir keine vielseitigen Versteckmöglichkeiten. Da hätte ich schon in den ersten Stock flüchten müssen. Und das schied aus, denn genau an der Treppe standen sie, Elke und ihre Beraterin.

„Also für einen Mann empfiehlt sich ja eher etwas Einfarbiges", hörte ich diese sagen. Elke nickte stumm und macht einen gedankenversunkenen Eindruck. Ich war vollkommen ratlos, aber eine innere Stimme sagte mir, dass ich noch nicht aufgeben durfte. Zumindest jetzt noch nicht.

„Probier`s doch mal mit Verstecken, aber wo?" Im nächsten Moment war alles zu spät. Der Verpackungskünstler bat mich – Gott sei Dank namenlos – mal kurz um Mithilfe.

„Können sie das da mal gerade festhalten?" „Aber dann kann ich mich nicht verstecken", dachte ich, und in den nächsten Minuten musste doch schließlich auch Elke zu einer Entscheidung gelangt sein.

Das konnte gar nicht mehr gut gehen. Sie stand nach wie vor ca. zwei m hinter meinem Rücken, ohne dass sich noch irgendetwas zwischen uns befand. Jedoch, sie konnte sich einfach nicht dazu durchringen, eine endgültige Auswahl bzgl. der Farbe des Geschenks zu treffen.

So half ich rasch dem Mitarbeiter beim Einpacken und zog mich anschließend hinter das Regal mit den Trinkflaschen zurück, welches mich – aufgrund seiner Höhe von geschätzten einen Meter fünfzig – allerdings nicht vollständig Elkes Blicken entziehen konnte. Ich musste mich zusätzlich noch ducken. Lange hält man das in gebückter Haltung nicht aus. Und einen eigentümlichen Anblick für die anderen Anwesenden bot die Szenerie außerdem noch. Um nicht zu sehr aufzufallen, nahm ich kniend die Flaschen der untersten Reihe in Augenschein. Da gab es große und kleine Flaschen, einfarbige und bunte, mit Dinos drauf und mit Ponys, aus Kunststoff und aus Metall…

Normalerweise traf Elke Kaufentscheidungen dieser Art eher zügig, aber diesmal ließ sie mich hängen, und zwar zusammengekauert vor dem untersten Niveau des Trinkflaschensortiments.

Nun versagten meine Knie ihren Dienst, und ich musste mich erneut zu meiner vollen Größe entfalten. Außerdem sollte ich das Projekt „Pack die Hängematte ein" stets im Auge behalten. Zu diesem Zeitpunkt hatte mein T-Shirt bereits einen beachtlichen Transpirationsfeuchtigkeitsgrad erreicht.

Elke drehte sich ohne Vorwarnung zur Seite. Ich konnte mich gerade noch rechtzeitig abwenden und wieder wegducken. Jedoch wurde mir ein anderes Manko bewusst. Ich befand mich in einer Sackgasse. Das hieß, sobald Elke bezahlt hatte, und den Laden durch die normale Ein- bzw. Ausgangstür verlassen wollte, würde sie ihr Weg unmittelbar an meinem Versteck vorbeiführen. Spätestens in dem Augenblick würde die Überraschung zunächst mal groß, aber selbige für Weihnachten dann sozusagen im Eimer sein! Vielleicht könnte es mir noch gelingen, es so hinzubiegen, dass sie wenigstens nur mich sieht, nicht aber das Geschenk! Das wäre ein vertretbarer Teilerfolg gewesen, und ehrlich gesagt, mehr war vermutlich nicht drin. Ich entfernte mich aus der Sackgasse, kam aber nicht weit genug und begab mich unfreiwillig in eine Ecke, in der ich auch nur kurz Zuflucht finden konnte, da ich einer weiteren Kundin etwas im Wege stand.

Inzwischen war Elke tatsächlich fündig geworden. Nun stand sie an der Kasse und bezahlte, ohne dem armen Verkäufer – der mit dem Geschenkpapier kämpfte – allzu große Beachtung zu schenken. Wenn er geahnt hätte, dass diese Frau neben ihm, in ca. drei Wochen das soeben äußerst mühevoll angebrachte Papier einfach so und völlig achtlos von den Kartons reißen wird und dabei keine Sekunde an ihn, den schwer schuftenden Einpacker denkt, hätte er mit Sicherheit keinerlei Lust verspürt, das Werk stilvoll zu beenden. Aber er wusste es ja nicht. Und Elke hatte ebenso keinen blassen Schimmer, was da gerade neben ihr lag. Ich suchte nach der einen oder anderen Ausrede, die ich nun gleich gebrauchen könnte, aber mir fiel in meiner Aufregung nichts Verwertbares ein. Ich musste mich einfach in mein Schicksal fügen. Es hätte ein echt toller Weihnachtsabend werden können, mit einem faustdicken Überraschungsgeschenk für Elke. Hätte, wenn und aber…! Alles egal!

Doch was war das? Plötzlich war meine Frau verschwunden. Ich konnte es gar nicht glauben und vermutete, sie hielt sich möglicherweise hinter einem Regal versteckt, um mich gleich zu erschrecken. Dann fiel mir aber ein, dass sie vorhin auch sozusagen aus dem Nichts auftauchte. Sie musste nun den Hintereingang wieder als Ausgang genommen haben. Ich blickte hoffnungsvoll in diese Richtung und sah sie – zu meiner großen Erleichterung – gerade durch diese Tür entschwinden.

Hundertprozent sicher war ich mir nicht, ob sie wirklich nichts gemerkt hat oder ob sie mich nur in dem Glauben lassen wollte. Aber ich hatte keine andere Wahl, und als wir uns später, wie vereinbart, am Auto trafen, musste ich so tun, als ob wir niemals gleichzeitig in diesem Outdoorladen – Rücken an Rücken – gestanden waren. Ich erwähnte selbstverständlich ebenfalls nicht, dass ich Kenntnis darüber hatte, ein blaues Kopftuchstirnband, das man im Übrigen auch zu einer Art Mütze umfunktionieren kann, zu bekommen.

Der Heilige Abend war in diesem Jahr übrigens besonders schön, denn wir bekamen beide jeweils Geschenke vom Partner, welche uns sehr gefielen und zusätzlich noch völlig überraschten.

...in Assmannshausen

Die Vortagsetappe des Rheinsteges endete genau hier, in Assmannshausen.

Wir – das waren in diesem Fall Alina, ihr Mann Gerd, ihr gemeinsamer Sohn Phillip, so wie meine Frau Elke, unsere Tochter Miriam und ich – hatten die letzte Nacht in einer netten, familiär geführten Unterkunft verbracht und saßen ausgeschlafen, aber hungrig am gut gedeckten Frühstückstisch, welcher in der Wohnung der gastfreundlichen Vermieterfamilie positioniert war. Hannelore, die emsige Dame des Hauses, sorgte hochgradig für das Wohl ihrer Gäste und wuselte voller Tatendrang unermüdlich zwischen Küche und Essbereich hin und her. Heinz, ihr Herr Gemahl, lauerte zwischen Kühlschrank und Kaffeemaschine geduldig auf Anweisungen, welche Essens - bzw. Getränkewünsche er den Wanderern erfüllen durfte. Es fehlte wirklich an nichts, um die leeren Mägen der sportlichen Gesellschaft so zu füllen, dass diese auch die nächste anstehende Wegstrecke ihrer Tour problemlos bewältigen konnte. Wie gesagt, die Gastgeberin legte enorm großen Wert auf die Zufriedenheit der Besucher. Vermutlich deswegen kommunizierte sie fast pausenlos mit uns. Ob wir denn noch einen weiteren Kaffee trinken möchten, ob die servierten Eier die gewünschte Konsistenz aufwiesen, ob der

Tee auch die angestrebte Temperatur habe und ob dies und jenes ebenfalls unseren Vorstellungen entsprechen würde. Ihr Gatte hingegen war eher ein Vertreter des ruhigeren Menschenschlages. Er erwartete ihre „Schatz-kannst-Du-mal-bitte?"-Anweisungen, bestätigte diese mit einem kurzen, knackigen „ja", und befolgte sie umgehend, meist ohne weitere, überflüssige Worte.

Eigentlich wollten wir von der Wandertruppe uns noch kurz über den bevorstehenden Teilabschnitt abstimmen. Interessante Details wie z.B. welche Sehenswürdigkeiten wir uns genauer ansehen und wo wir ungefähr Pause machen wollen, mussten ja schließlich im Vorfeld erörtert worden sein. Aber an eine interne Diskussion dieser Art war kaum zu denken, angesichts des fürsorglichen Servicepersonales im Übereifer-Modus.

Dann plötzlich klingelte der häusliche Festnetzanschluss. Die Chefin rief ihrem Mann zu: "Ich geh schon. Kümmer' Du dich weiter um die Gäste!" und beeilte sich als Erste an das Telefon zu kommen, welches im Flur der Wohnung, in Sicht- und leider auch in Hörweite zum Esstisch stand. Der Hörer wurde schwungvoll von der Gabel gerissen und ein „Ja, hallo?" schallte durch die Räumlichkeiten, gefolgt von einem erfreuten „Ach, Fine, Du bist's, na das ist aber eine Überraschung, von dir zu hören. Wie geht's dir, Fine?" Eine realistische Chance, diese Frage zu beantworten und sich über ihr Befinden zu äußern hatte Fine im Prinzip nicht, denn Hannelore konnte sich nicht zurückhalten, ihr Entzücken über den Anruf deutlich zum Ausdruck zu bringen.

„Ja Fine, wie lange ist das jetzt her, dass wir uns das letzte Mal gesprochen haben? Ich weiß es nicht mehr, Fine!" So langsam fanden wir die Situation erheiternd. Gerd und ich tauschten vielsagende Blicke aus. Die Kinder begannen, in sich hinein zu kichern und die „Fines" zu zählen, welche im Redeschwall vorkamen. Es waren viele.

Genau genommen erklang in fast jedem Satz ein- oder zweimal der Name der Anruferin.

Meistens am Anfang, manchmal am Ende, und gelegentlich sowohl als auch.

Wir hörten so etwas wie „Mensch, Fine!", „Ach, Fine", „Ja, Fine", bis hin zu „stimmt doch, oder nicht, Fine?"

Phillip wandte sich zu mir und fragte in nachäffendem Tonfall: „Ach Fine, kannst Du mir bitte mal die Butter rüberreichen? Ach, ich danke dir, Fine!" Alina wies ihn zurecht. Das Telefonat dauerte eine ganze Weile. Wir hatten unser Frühstück aber inzwischen beendet und signa-lisierten unsere Aufbruchsstimmung, da beendete Hannelore das einseitige Gespräch mit den Worten: „So Fine, jetzt muss ich Schluss machen und mich um meine Frühstücksgäste kümmern. War schön, dass Du angerufen hast. Tschüss, mach's gut, Fine!"

Daraufhin wandte sie sich ihrem Mann zu, der uns in der Zwischenzeit bestens umsorgt hatte und rief ihm entgegen: „Ei Heinz, da kommst Du nie drauf, wer eben angerufen hat. Rate einfach mal, Heinz!"

ES '23

151

...bei Mrs. Gilday

Es war ein wahrlich interessantes und spannendes Programm! Der Verein „Deutsch-Irischer-Freundeskreis" hatte für die Herbstexkursion 2009 auf die grüne Insel eine abwechslungsreiche Tour organisiert, welche unser größtes Interesse fand.

Die illustre Reisegruppe im Alter von 10 bis 75 Jahren flog gemeinsam nach Dublin und reiste auf der Insel in einem Bus, welcher von dem deutschsprachigen Reiseführer Ecki gesteuert wurde. Diese Ankündigung im Programm stellte sich im Nachhinein als nicht ganz korrekt heraus. Das war kein Deutsch, „desch Ecki do gschwätzt" hatte. Das war reinstes Schwäbisch. Aber als Baden-Württemberger stand er auch dazu, kein Hochdeutsch zu können.

Die Reiseroute führte von Dublin über Nordirland in Richtung Ardara, an der Westküste der Republik Irland. Die Gruppe unternahm sämtliche Ausflüge, Besichtigungen und sonstige Unternehmungen vor Ort stets gemeinsam, war allerdings übernachtungstechnisch zweigeteilt. Neun Reisende wohnten in sogenannten Hostels und der Rest hatte sich für die noblere Variante, das Absteigen in Hotels, entschieden. Wir gehörten zur Hostel-Fraktion und fanden es irgendwie interessanter selbst für unsere Verpflegung zu sorgen, als nur das von einer Hotelküche Vorgesetzte zu konsumieren. Die diesbezügliche Absprache in der 9er-Gruppe funktionierte überwiegend gut.

Da wir hier in Ardara vier Nächte blieben hatten wir ein ganzes Haus für uns allein. Im Erdgeschoß befand sich ein großer Gemeinschaftsraum, in welchem gegessen und auch einfach nur gemütlich beisammengesessen werden konnte. Das Hostel wurde von der enorm gastfreundlichen Irin Mary betrieben, welche direkt gegenüber wohnte. Das war ausgesprochen praktisch, denn sie verwöhnte uns täglich mit Frischgebackenem. Ihre Spezialität waren Scones in allen Variationen.

Darum beneideten uns sogar die anderen Reisefreunde aus dem Hotel schräg gegenüber beträchtlich. Ja, Mary war bemerkenswert fürsorglich für ihre Gäste!

Am zweiten Tag in Ardara unternahmen wir am Vormittag einen Ausflug zu einem alten Castle, zu welchem man allerdings nicht mit unserem vertrauten Reisebus fahren konnte, da dieser schlichtweg zu voluminös für große Teile der Strecke war. Dafür gab es einen Shuttle-Service in kleinen Bussen, die sich geländegängiger zeigten und deutlich besser für schmale Wege eigneten. Ein solches Gefährt brachte in einer Fahrt fünfzehn Personen von einem großen Parkplatz zum Castle. Als wir dort ankamen und ich meinen Sicherheitsgurt lösen wollte, musste ich bedauerlicherweise feststellen, dass sich der Verschluss nicht so leicht entriegeln ließ. Anfangs versuchte ich es sensibel und mit Fingerspitzengefühl. Als ich aber auf diese Art nicht weiter kam wurden meine Handgriffe nachdrücklicher und ruppiger. Der blöde Gurt wollte sich aber immer noch nicht öffnen. Dummerweise saß ich auf einer Sitzbank, welche erst zurückgeklappt werden musste, damit die übrigen Insassen zur Tür gelangen und aussteigen konnten. Somit mussten alle anderen im Bus warten, bis der Herr in der ersten Reihe sich dazu bequemte den Abschnallvorgang abzuschließen. Manch Ungeduldigen dauerte das einfach viel zu lange und sie begannen sich über mich hinweg ins Freie hinaus zu quetschen. Langsam bekam ich Panik und meine Befreiungsversuche gestalteten sich zunehmend hektischer. Und dann geschah es. Es kam was kommen musste, ich verrenkte mich so intensiv, dass sich ein Rücken-Nerv einklemmte, was mich laut aufschreien ließ, und in meiner weiteren Bewegungsfreiheit komplett einschränkte. Jede kleinste Bewegung fühlte sich nach einem tiefen Stich mit einer frisch geschliffenen Machete an. Erst als der Busfahrer die komplette Halterung des Gurtes demontierte konnte ich endlich aus dieser misslichen Lage befreit werden. Zu dritt schleppte man mich aus dem Bus und setzte mich auf eine Bank. Es war nicht lustig.

Während sich die Reisegruppe das – wie mir später berichtet wurde – durchaus imposante, pittoreske Castle ansah, hing ich auf meiner Bank und wusste nicht, wie ich sitzen sollte. Die Qualen waren ähnlich intensiv und gemein wie bei meinen diversen Rippenprellungen bisher, nur gingen die Schmerzen diesmal vom Rücken und nicht wie gewohnt vom Brustkorb aus. Nach und nach kamen die anderen von ihrer Besichtigungstour zu meiner Bank zurück. Ein Mitglied unserer Gruppe teilte mir mit, ihr Mann habe ein geschicktes Händchen beim Massieren, und dass er bestimmt bereit sei sich meinem Rücken anzunehmen, sobald seine Rundtour in der Burg beendet war. Gesagt getan, aber die wirklich gut gemeinte Hilfe endete für mich in einem Fiasko. Hatten sich die Schmerzen durch meine Ruhigstellung auf der Bank gerade zumindest ein klein wenig beruhigt, verschlimmerten sie sich während der Behandlung. Es hatte leider keinen Sinn und ich beendete die Hilfsaktion umgehend. Es war ein netter und gut gemeinter Versuch…

Irgendwie hatte man es geschafft mich wieder in den kleinen Bus zu verfrachten und damit zum Parkplatz mit dem großen Bus zu bringen. Mit diesem sind wir dann zurück nach Ardara gefahren. Während sich Elke dort auf die Suche nach einer, starke Schmerzmittel führenden, Apotheke machte schleppte ich mich, so gegen 13 Uhr zurück ins Hostel, wo mich Mary mitleidsvoll in Empfang nahm. Ich ertappte sie gerade wieder dabei als sie uns einen reichhaltig gefüllten Teller mit ihren neuesten Scones-Variationen heimlich auf den Tisch stellen wollte. Aber Mary wäre nicht Mary gewesen, wenn sie nicht obendrein gleich guten Rat für ihren schwächelnden Gast parat gehabt hätte.

„Das", sagte sie mit dem Brustton der vollsten Überzeugung, „ist ein Fall für Mrs. Gilday! Sie kriegt das locker wieder hin! Soll ich gleich mal bei ihr anrufen?"

Selbstverständlich stimmte ich diesem Vorschlag umgehend zu. Mary kontaktierte Mrs. Gilday telefonisch und siehe da, um 16 Uhr hatte diese sogar Zeit und würde mich erwarten. Das einzige

Problem war nur, dass ich dorthin laufen musste. Mary hatte kein Auto und konnte, zu ihrem größten Bedauern, auf die Schnelle auch keines organisieren. Aber in einem PKW zu sitzen war in meinem Zustand fast noch schlimmer als langsam zu gehen, oder genauer gesagt, vor sich hin zu schleichen. Elke erklärte sich netterweise bereit, mich zu begleiten und wir machten uns auf den ca. 30-minütigen Weg. Dieser führte an einer kleinen und kurvigen Landstraße entlang, welche zum Glück nicht übermäßig stark befahren war. Wenn sich allerdings ein Auto näherte, dann meist mit überhöhter Geschwindigkeit, unter anderem auch dadurch begründet, da normalerweise auf diesem Stück keine Fußgänger zu erwarten waren. Außer uns zwei Deutschen lief mal wieder niemand auf der Donegal Road. Hinter den letzten Häusern von Ardara säumten erstmal nur Wiesen, Hügel, Bäche, Bäume und Weiden unseren Weg. Ein wenig später gab es einzelne Höfe, links und rechts zu erblicken. Jedenfalls hatte ich den Eindruck, dass wir uns mit jedem Schritt weiter von der Zivilisation entfernten. In dieser Richtung hätte ich nie eine physiotherapeutische Fachkraft – als die uns Mrs. Gilday beschrieben wurde – erwartet. Eher rein landwirtschaftlich orientiertes Personal.

Das Gehen fiel mir schon sehr schwer und ich merkte, wie ich mehr und mehr im Rücken verkrampfte. Aber es half nichts, jammern hatte auch keinen Sinn. Da musste ich nun durch.

Nach einem längeren unbesiedelten Abschnitt tauchte plötzlich wieder ein Haus in Sichtweite auf. Nach Marys Wegbeschreibung mussten wir nun bald am Ziel sein. Im gepflegten Garten, mit vorbildlich getrimmten englischen Rasen, stand eine Frau und verpasste gerade einem Busch den fälligen Herbstschnitt.

Ihr Erstaunen war groß, als sie uns auf der Straße gehen sah. Wir erwiderten ihre äußerst freundliche Begrüßung wohlwollend und fragten, ob sie uns sagen könne, wo Mrs. Gilday wohnhaft sei. Die Lady blickte ausgeprägt mitleidsvoll drein und fragte mich, ob ich wohl Probleme mit dem Rücken habe. Sie gab dieser Frage einen zusätzlich verstärkenden Ausdruck, in dem sie ihre Hand auf ihre Lendenwirbelsäule legte, sich nach vorne krümmte und ein leidendes, qualvolles Gesicht aufsetzte.

„Oh, this is the reason for your visit at Mrs. Gilday, right? That´s fine!" fügte sie hinzu. Es schien so, als ob jeder, der das Ziel hatte Mrs. Gilday zu besuchen, dies hauptsächlich deswegen tat, weil er Rückenschmerzen hatte. Diese Frau hatte unbestreitbar einen tadellos guten Ruf, zumindest in Kenntnissen der Rückenheilkunde.

Es war nur noch ein kleines Stückchen Weg, das wir bis zu Mrs. Gildays Haus zurückzulegen hatten. Nach dem Durchschreiten des nicht ganz so liebevoll angelegten Vorgartens gelangten wir pünktlich zur vereinbarten Zeit an die von oben bis unten aus durchsichtigem Glas bestehende Haustüre. So konnten wir schon mal einen ersten, interessierten Blick ins Innere des Gebäudes werfen. Hinter der Glastür befand sich eine Art schmaler Flur, welcher nicht gerade aufgeräumt wirkte. Es lagen z.B. diverse Utensilien wie Schirme, Taschen, Schuhe usw. verstreut auf dem

Boden herum. Wir drückten auf den Klingelknopf und warteten ab. Erstmal passierte nichts. Sollte eventuell niemand zuhause sein?

Elke probierte es ein zweites Mal mit der Klingel und nach einigen weiteren Minuten Wartezeit hörten wir Schritte im Haus. Ein um die 50 Jahre alter Mann, in einem weißen T-Shirt, einer kurzen grauen Hose – welche ein wenig einer Schlafanzughose ähnelte – und Filzpantoffeln an den Füßen, erschien im Flur. Er machte zudem einen etwas verschlafenen Eindruck als er sich sehr langsam und bedächtig von innen auf die Tür zu bewegte. Aus seiner Sicht links neben dem Eingang befand sich ein Briefschlitz. Die dort eingeworfenen Postsendungen fielen direkt im Flur auf den Boden. Anscheinend war der Briefträger kurz vor uns bei den Gildays vorbeigekommen, denn es befanden sich mehrere Umschläge neben der Haustür auf den Fliesen. Der Mann beugte sich mühsam nach unten, hob die Briefe auf und betrachtete sie, einen nach dem anderen. Manchmal schüttelte er den Kopf, manchmal reagierte er nicht. Ich hatte, während ich sein Tun von außen durch die Glasscheibe beobachten konnte, langsam den Eindruck, dass er inzwischen wieder vergessen hatte, warum er überhaupt zur Haustür geschlichen war. Aber dann, nachdem er die Post, Umschlag für Umschlag, in aller Ruhe gesichtet hatte, wandte er sich doch urplötzlich uns zu, öffnete die Tür und knurrte:

„Come in! My mother is already expecting you."

Wir folgten ihm und waren immens gespannt, was uns hier erwartet.

Nach ein paar wenigen Schritten durch das Haus betraten wir einen Raum, dessen optisches Erscheinungsbild mir in gewisser Weise die Sprache verschlug. Etwas Vergleichbares hatte ich bisher noch nicht gesehen. Die Wände und die Decke waren mit dunkelroter Farbe gestrichen. Dominiert wurde das Zimmer durch eine deckenhohe, in ungewöhnlich dunklem Holz gehaltene, mächtige Bücherschrankwand. Diese stand an der längsten Wand des Zimmers und war mit hunderten von altehrwürdigen Büchern bestückt. Davor standen zwei Stühle, welche bzgl. ihrer Stabilität und Tragfähigkeit keinen vertrauenswürdigen Eindruck machten, so wie ein altes, nein ein fast schon antikes, dunkelgrünes Plüschsofa. Links neben der Zimmertür befand sich das Fenster, flankiert von mächtigen, rötlichen Vorhängen. Und davor thronte auf einem massiven Gestell ein gigantischer, kinoleinwandgroßer Fernsehbildschirm. Es wurde gerade eine Sportveranstaltung übertragen. Vermutlich ein Marathonlauf.

Mein Mund stand sicher weit offen vor Erstaunen, als ich dieses Gemach betrat.

„Wie passt der super-moderne High-Tech Monitor zu diesen prähistorischen Möbeln?" ging mir spontan durch den Kopf.

Rechts neben dem Eingang stand ein ebenfalls arg betagter, massiver Schreibtisch in einer Ecke, und davor, so etwas mittig im Raum, eine klapprige Massageliege, mit teilweise deutlich abgewetzter, grüner Liegefläche.

„Wo bin ich hier nur hingeraten?" fragte ich mich sehr verunsichert.

Ja, und neben der Liege, da stand noch ein antiquarischer Plüschsessel. Und auf diesem saß eine freundlich lächelnde Frau, welche ich altersmäßig auf ungefähr Mitte bis Ende Achtzig schätzte. Ich musste zu meiner Schande gestehen, dass mir die Anwesenheit von Mrs. Gilday erst ganz zum Schluss auffiel. So irritiert war ich vorher von dem Gesamteindruck dieses Raumes. Die Dame des Hauses blickte mich nur kurz an und meinte überzeugt, „Ok, I realise the problem. Take off your shirt and lay down on the massage table please."

Auch Elke wurde ein Platz auf dem oben erwähnten Sofa angeboten. Sie setzte sich und sackte gleich mal mindestens einen halben Meter nach unten. Ja, die Sitzfläche war schon reichlich durchgesessen. Das sah ziemlich komisch aus, wie die arme Elke so tief drin in diesem Sitzmöbel hing. Ich hingegen quälte mich mühsam auf das klapprige Gestell. Mrs. Gilday erhob sich, mit Hilfe eines Gehstocks, schwerfällig aus ihrem Plüschsessel und stellte sich in nach vorne gebückter Haltung vor die Liege. Dabei musste sie sich mit einer Hand irgendwo festhalten, denn ohne dies konnte sie nicht stehen. Ich war unglaublich gespannt, wie sie mich eigentlich behandeln wollte. Was ihre Diagnose und Zuversicht bzgl. einer erfolgreichen Therapie angeht, wirkte sie absolut sicher und glaubwürdig kompetent.

Mit einem „OK, let´s start!" begann ihre durchaus gekonnte Ein-Hand-Massage, denn mit der anderen musste sie sich durchgehend an der Liege abstützen. Mir wurde allerdings bald sonnenklar, das, was diese Frau mit einer Hand konnte, kriegen viele andere nicht annähernd mit zwei Händen hin. Ich brauchte ihr gar nicht groß zu erzählen, was eigentlich passiert war, sie erblickte und erspürte bereits alle für sie wichtigen Informationen, bevor ich etwas über meinen Zustand berichtete.

Und sie hatte auch eine gewisse Prise Spaß daran mich leiden zu sehen und jammern zu hören. So wandte sie sich zwischendurch an Elke und berichtete ihr, dass ich wohl selbst nicht so genau wisse, wo meine derzeitigen körperlichen Probleme zu lokalisieren waren.

„Shall I prove it to you?" fragte sie meine Frau, die natürlich sofort zustimmte. Mrs. Gilday bat mich nun, ihr mal die Stelle zu zeigen, wo sich der Nerv meiner Meinung nach verklemmt habe. Mühsam versuchte ich meinen rechten Arm nach hinten zu strecken und mit der Hand an das Schmerzzentrum zu fassen.

„Here it is, right here it hurts!"

Das war genau das, was sie hören wollte.

„No no, that´s wrong. Please pay attention!", konterte sie, wandte sich erneut Elke zu und meinte:

„Here is the root cause, here on the left side!"

Bevor ich mein Unverständnis darüber zum Ausdruck bringen konnte, drückte sie mit ihren Fingern auf eine Stelle auf meiner linken Rückseite und erklärte Elke, dass es mir eigentlich hier weh tun müsse, denn da befinde sich die Ursache des Dilemmas. Ein kurzer, ohrenbetäubender Aufschrei meinerseits brachte den von ihr prophezeiten

Beweis. Sie lag mit ihrer Behauptung völlig richtig. Mir wurde immer klarer, diese Frau wusste genau, was Sache war. Anfangs befand ich mich noch in dem Irrglauben eine ca. 85-jährige, in ihrer Mobilität eingeschränkte Person kann mir tendenziell eher nicht so gut bei meinen Rückenschmerzen helfen. Inzwischen aber erkannte ich, dass sie mindestens fünfundsechzig Jahre Massageerfahrung auf höchstem Niveau auf dem Buckel hatte, und das war sozusagen „Gold wert"! Mrs. Gilday verstand ihr Handwerk – und der Begriff HANDWERK passt in diesem Zusammenhang mustergültig – **nahezu** perfekt. Warum nur nahezu? Weil es einen Aspekt gab, bei dem sie gewisse Defizite aufzuweisen schien. Der Einsatz des Massageöles war als reichlich inflationär zu bezeichnen. Ununterbrochen übergoss sie mich mit einer neuen Ladung warmen Öls, so dass dieses zum größten Teil an mir herablief und vor allem das Handtuch, auf welchem ich lag, tränkte. Aber vielleicht war das auch genau wieder einer ihrer genialen Erfahrungswerte, pro Person mindestens einen Zehn-Liter-Kanister von dem Zeug einzusetzen. Und zugegebenermaßen, angenehm war das ja schon, wie die warme Brühe über den Rücken floss. Es beeindruckte mich, mit welcher Routine sie mich haptisch bearbeitete, wohlgemerkt, immer mit einer Hand irgendwo verankert und nur mit der anderen virtuos agierend. Sie ertastete sämtliche Bereiche meines Körpers, in welchen kleinste Blockaden die Energieflüsse störten, und löste die Hindernisse, teils mit knetenden oder anderweitig stimulierenden

Bewegungen, einfach auf. Sie spürte und fühlte jede Muskelverhärtung und Faszien Verklebung meines Rumpfes mit ihrer gerade im Einsatz befindlichen Massagehand. Jeder ihrer Griffe war zielgerichtet und saß. Jede Berührung wirkte wahre Wunder!

Ich fragte sie nach ihrer Einschätzung, ob ich denn in den nächsten Tagen immer allein im Hostel im Bett bleiben müsse oder ob es Chancen gäbe, wieder an Unternehmungen der Gruppe teilhaben zu können. Da lachte Mrs. Gilday herzhaft und meinte sinngemäß, ich solle mich nicht so anstellen. Nach ihrer Behandlung sei ich praktisch wie neu, und es so gut wie sicher, dass ich spätestens am nächsten Tag wieder gänzlich fit und beweglich sein werde. Eventuell könnte ich sogar an dem heutigen Tag noch an dem allabendlichen Programmpunkt, dem Pub-Besuch teilnehmen.

„You can get it if you really want" fügte sie augenzwinkernd hinzu.

Und was soll ich sagen? Am Ende der Behandlung – kurz nach der letzten Ölung, sozusagen – fühlte ich mich tatsächlich um Klassen besser als vorher. Ich erhob mich schmerzfrei von der Liege und streifte mir mein T-Shirt über den mit einer dicken Ölschicht bedeckten Oberkörper. Das Baumwoll-Shirt sog das Öl bis zum Sättigungsgrad auf. Das war nicht wirklich angenehm und ohnehin gewöhnungsbedürftig.

Fazit: Mary vom Hostel hatte nicht übertrieben. Mrs. Gilday war die absolute Physiotherapie-Königin! Und Massage-Göttin mit Zauberhänden! Und selbst am Ende überraschte sie mich noch einmal. Auf die Frage nach ihrer Bezahlung bekam ich zur Antwort, dass das schon so in Ordnung sei, sie habe ja auch ihren Spaß gehabt, und wenn sie mir zusätzlich noch geholfen habe, war das Lohn genug für sie. Was sagt man dazu? Natürlich konnte ich das auf gar keinen Fall annehmen und legte ihr alle Scheine aus meinem Portemonnaie auf die Liege. Anschließend half ich sogar Elke, die inzwischen fast komplett im durchgesessenen Sofa abgesackt war, beim Wiederaufstehen, indem ich sie mit meinem Arm kraftvoll aus der Versenkung zog. Eine solche Aktion wäre ca. eine halbe Stunde zuvor für mich noch undenkbar gewesen.

So gegen 17:15 Uhr verabschiedeten wir uns sehr dankbar von meiner sensationellen Retterin, der grandiosen Mrs. Gilday!

Der Rückweg nach Ardara fiel mir signifikant leichter als der Hinweg. Ich hüpfte fast so wie ein junges, unbekümmertes Reh die Straße entlang…

Da wir bis zum nächsten Programmpunkt (Besuch eines original irischen Pubs) etwas Zeit übrig hatten setzten wir uns vor eine Bar, und genossen, im herrlich warmen Schein der irischen Vorabendsonne jeweils einen original irischen Irish Coffee. Für alle, die noch nie in Irland waren, sei erklärt, dass dies ein gesüßter Kaffee mit original irischem Whiskey und einer Haube aus leicht geschlagener aber noch flüssiger Sahne ist.

„Cheers!" auf Mrs. Gildays und ihr sagenhaftes Fingerspitzengefühl!!

Und wie ging es insgesamt weiter mit mir? Ab sofort war ich, Dank Mrs. Gildays Zauberhände, wieder uneingeschränkt fit und konnte das restliche Programm komplett mitmachen.

ES '22

165

... in Duisburg

Na gut, es war nur ein Zweitligaspiel.

Ja, es ist kaum zu glauben, aber selbst die ruhmreiche Eintracht aus Frankfurt hielt sich vor ewigen Zeiten – die Älteren unter Euch können sich vielleicht noch dunkel daran erinnern – auch mal kurz in diesen Niederungen des Fußballs auf. Ganz ganz kurz!

Und in dieser längst vergessenen Zeit sah es der Spielplan so vor, dass die Adlerträger aus Frankfurt, am Ostersamstag 2012 bei den Zebras des MSV Duisburg antreten mussten. Das traf sich gut für uns, denn wir hatten allemal vor, über Ostern bei Renate und Herbert in Kevelaer vorbeizukommen. Und dieser bekannte Wallfahrtsort lag ja bekanntlich nicht weit von Duisburg entfernt. So war es naheliegend, dass wir – also Miriam und ich – zusammen mit Herbert, dem MSV-Fan in unserer Familie, ins Duisburger Stadion fuhren, um uns einen haushohen Sieg der Eintracht direkt vor Ort anzusehen. Also, für zwei Drittel dieser gemischten Fangruppe, welche sich auf den Weg in die „Schauinsland Reisen Arena" machte, stand der Sieger bereits vor dem Spiel fest.

Wir fuhren in Herberts Auto (inkl. MSV-Fan-Stoff-Zebra namens „Ennatz", welches an der hinteren Fensterscheibe baumelte) an die Wedau und erreichten den Parkplatz so gegen 11 Uhr. Direkt neben uns parkte ein Fahrzeug mit Frankfurter Kennzeichen. Vier bestens gelaunte Eintracht-Fans in voller Montur stiegen aus und grüßten uns freundlich. Sie glaubten uns als „Einheimische" erkannt zu haben. Es schoss aus mir heraus:

„Guude! Moment emal, es is net so wie´s aussieht. Mir sin aach Adlerträäscher!"

Verwundert wanderten vier Augenpaare spontan und synchron zum blau-weiß-gestreiften MSV-Stoff-Zebra in unserem Auto, aber ich sorgte unverzüglich für Klarheit bzgl. wer, wie, was und warum. Man wünschte sich gegenseitig ein schönes Spiel und dann trennten sich unsere Wege, denn die netten Jungs – die Glücklichen – hatten Tickets für den Gästeblock, während Herbert für uns Sitzplätze inmitten der MSV-Anhängerschaft besorgt hatte. Diese Kröte mussten wir schlucken. Aber, da wir von einem klaren Sieg unserer Elf ausgingen, ließ es sich auch damit gut leben mitten im „Feindesland" zu sitzen.

Die zahlreich mitgereisten Eintracht-Fans auf der anderen Seite des Stadions sorgten bereits vor dem Spiel mit ihren Sprechchören und Gesängen für reichlich Stimmung. Da blickten die Anhänger der Zebras mit gewisser Anerkennung neidvoll hinüber. Miriam hingegen, die Musikwissen-schaftlerin unter uns, meinte allerdings die eine oder andere Dissonanz herausgehört zu haben, weshalb sie die Sangeskünste unserer Fans auf nicht allzu hohem Niveau verortete.

Pünktlich um 13:30 Uhr begann das Match, denn in der 2. Liga gab es manchmal diese merk-würdigen Anstoßzeiten. Direkt neben mir saß ein großer und kräftig aussehender Typ, ein breitschultriger Koloss! Ihm war, wie nicht anders zu erwarten von Leuten die freiwillig im MSV-Fan-Block sitzen, sehr daran gelegen, dass die einheimische Mannschaft erfolgreich spielte und mindestens ein Tor mehr erzielte als der Gegner aus Frankfurt. Aufgrund seiner bärigen Statur entschloss ich mich von Anfang an eher vorsichtig mit der Zurschaustellung meiner Emotionen zu sein. Er musste es ja nicht sofort mitkriegen, wie ich mich über den zu erwartenden Sieg der Eintracht fast schon spitzbübisch freute. Anfangs gelang mir das mit der Zurückhaltung noch ganz gut, aber irgendwann, so gegen Ende der ersten Halbzeit, drehte sich mein Nachbar plötzlich in seiner vollen Kleiderschrankbreite zu mir, stupste mich mit der Hand an, und fragte mit nicht klar definierbarem Unterton in der Stimme: „Sag mal, kann das sein, dass Du etwa ein Frankfurter bist?"

Ich war aufgeflogen. Schüchtern und entschuldigend dreinblickend sagte ich ganz leise „Ja." Er lächelte gequält, murmelte so etwas wie „Ach so! Hab ich mir´ s doch fast schon gedacht" in sich hinein und wandte sich erneut dem Geschehen auf dem Rasen zu. Er schien sich damit abgefunden zu haben. Trotzdem zog ich es vor, mich fortan noch ruhiger zu verhalten.

Leider verlief die erste Halbzeit des Spieles nicht so, wie Miriam und ich es uns vorgestellt hatten. Die Eintracht war zwar häufiger am Ball und meistens in der Duisburger Hälfte zu finden, aber irgendwie wollte nichts so richtig funktionieren. Wir hatten keine einzige gute Torchance, während die Zebras bei ihren wenigen Angriffen viel gefährlicher waren und zur Pause – leider verdient – mit 1:0 führten.

„Naja, das kann ja nur noch besser werden", dachten wir und hofften auf mehr Adler-Power im zweiten Abschnitt.

Nun war aber erstmal Pause. Und was macht man in dieser Zeit? Na klar, man holt für jeden ein Bier und die obligatorische Stadion-Wurst!

Wir hatten in unserem Block in der Reihe 10 die Plätze 12, 13 und 14. Da ich zufällig auf Platz 12 saß und sich dieser am nächsten zum Ausgang befand, war schnell klar, wer fürs Bier- und Wurstholen zuständig sein würde.

An der Bratwurstbude herrschte Betrieb wie bei einem Spiel der 1. Bundesliga, weswegen es nicht genau abzusehen war, ob die übliche 15-minütige Pause ausreichte, alle Anstehenden mit Wurst und Bier zu versorgen. Egal, ich wartete einfach mal geduldig. Gegen Ende der Halbzeitpause kam ich an die Reihe und orderte drei Getränke und drei Würste.

„Mit Senf und oder Ketchup?", wollte der Mann vom Grill wissen.

„Na klar, dreimal mit allem", entgegnete ich bestimmt.

Der Verkäufer meinte es diesbezüglich auch richtig gut mit mir und quetschte drei sehr ordentliche Portionen „rot-braun" in die Wurstschalen. Für mich galt es jetzt schnell zu bezahlen und dann aber flott wieder zurück in den Block zu marschieren, denn gerade ertönte der Anpfiff zur zweiten Halbzeit. Ganz so hurtig wie geplant, ging das mit meiner Rückkehr, auf meinen Platz 12, in der Reihe 10, dann aber doch nicht.

„Wie transportiert man mit nur zwei Händen drei Getränkebecher á jeweils 330 ml, sowie noch drei Stadionwürste, mit reichlich Senf und Ketchup darauf?"

Genau das war hier die alles entscheidende Frage. Und ich muss fairerweise erwähnen, das Personal des Imbissstandes war schon erstklassig – obwohl wir uns ja, wie eingangs erwähnt, bei einem Zweitligaspiel befanden – man erkannte mein Dilemma und reichte mir sofort für die Getränke eine Art „Karton", mit drei kreisförmigen Öffnungen. Diese Halterung war so geformt, dass drei Becher darin Platz fanden und im unteren Bereich durch Stege relativ stabil gehalten werden konnten. Also wie ein Tragekorb für Flaschen, nur eben für Becher, und ohne Henkel dran. Aus diesem Grund sollte man dieses Teil am besten von unten greifen. Für die Getränke war das praktisch und ausreichend. Aber da war ja noch das zahlreiche Grillgut zu transportieren. Zweimal zu laufen, also erst die Getränke an den Sitzplatz zu bringen, dann zum Stand zurückzukehren und die Würste zu holen, erschien mir keine brauchbare Lösung zu sein. Mit einem hilfesuchenden Blick wandte ich mich erneut an das diensthabende Personal des Versorgungsstandes. Der freundliche Mitarbeiter lächelte mich an und meinte, dass er mir wohl am besten nochmals einen dieser nützlichen Becherhalter geben sollte, da könnte ich dann die Plastikschalen mit den Würsten darauflegen. Die Idee an sich war nicht schlecht, aber für drei Schalen war die Halterung arg knapp bemessen. Verlässlich stabil und transportsicher lagen die Würste nicht, als ich mich in Richtung des MSV-Fanblocks auf den Weg machte. Ich hatte im wahrsten Sinne des Wortes alle Hände voll zu tun, rechts die Getränke (einigermaßen unter Kontrolle, da der Karton eben für drei Becher ausgelegt und gedacht war), links die Speisen (riskant hin- und her rutschend, stets Gefahr laufend komplett hinabzustürzen, da der Karton eben für drei Becher ausgelegt und gedacht war) an meinen Platz zu balancieren.

Am Eingangstor des Blocks verrichtete gerade ein recht humorvoller Ordner seinen Dienst. Er sah mich voll bepackt kommen, schaute streng und fand es besonders komisch mich in dieser Situation nach meiner Eintrittskarte zu fragen, welche ich ihm bitte zeigen sollte. Er meinte es aber nicht wirklich ernst, der Scherzkeks…

Jetzt waren nur noch ein paar Treppenstufen zu erklimmen, genauer gesagt zehn, denn mein Platz war ja, wie bereits erwähnt, der 12. in der 10. Reihe. Als ich die fünfte Stufe erreicht hatte, erblickten mich Miriam und Herbert. Sie begannen mit ihren Händen in der Luft zu fuchteln, um mir die Richtung zu weisen. Miriam fuchtelte nicht nur, sie rief mir auch etwas zu. Dabei hatte sie einen besorgten Blick aufgesetzt. Da das Spiel aber wieder in vollem Gange war, konnte ich ihre Rufe anfangs akustisch nicht verstehen. Die Fans des MSV machten reichlich Radau, aus Freude über ihre unerwartete, nach wie von anhaltende 1:0-Führung.

Ab der neunten Stufe konnte ich den Inhalt von Miriams Rufen schließlich akustisch erfassen. Sie rief: „Achtung! Papa, pass auf!"

Und das wiederholte sie andauernd. Immer die gleichen Worte. Mir war natürlich selbst klar, dass ich aufpassen musste, damit mir, um Himmelswillen, nicht etwa eine Wurst entglitt und auf den Boden fiel. Mit enormer Anspannung konzentrierte ich mich darauf, diesen potenziellen Super-GAU zu verhindern. Da empfand ich es eher als störend zusätzlich von meiner Tochter darauf hingewiesen zu werden, bitte Acht zu geben und aufzupassen. Und Miriam rief immer heftiger:

„Achtung! Papa, pass doch auf!"

Meine Stimmung wurde dadurch nicht besser, da ich der festen Überzeugung war, diese ambitionierte Aufgabe bisher hervorragend gemeistert zu haben. Und die letzten Meter würde ich wohl auch noch schaffen. Je näher ich kam, desto resignierter wirkte Miriam Ich dachte sie freut sich riesig, dass ihr Papa ein Held ist und ihr unter widrigsten Umständen so grandios eine Wurst besorgt hatte. Denn, es war keine einzige davon heruntergefallen! Aber nein, als ich endlich, total abgekämpft und mit den Nerven fix und fertig den Platz 12 in der 10. Reihe erreicht hatte, blickte mich meine Tochter mit einer Mischung aus Enttäuschung und Unverständnis an.

„Ich habe Dich doch gewarnt und Dir zugerufen, Du sollst aufpassen. Aber was machst Du? Schau Dir bloß mal an, was Du angerichtet hast!"

Mit diesen für mich irritierenden Worten empfing sie mich.

Erst als ich zurückschaute, in die Richtung, aus der ich gekommen war, ergab das bis dahin wirre Gerede Miriams für mich so etwas wie einen Sinn. Während des gesamten Transportes der Speisen und Getränke hatte ich mich nur darauf konzentriert, keine Wurst abhandenkommen zu lassen. Was ich nicht bedacht hatte, war, dass erstens die Plastikschalen mit den sehr ordentlichen Senf- und Ketchup-Portionen an ihre Kapazitätsgrenzen stießen, und zweitens – und das war das Entscheidendere an der Geschichte – wiesen diese Becher-trage-Pappkartons im unteren Bereich lediglich Stege auf, und waren somit also dort nicht geschlossen. Was mir auf meinem Weg verborgen blieb, Miriam aber von weitem gleich bemerkte, war, dass mir ununterbrochen Ketchup und Senf – in nicht kleinen Mengen – unten aus den Schalen heraustropfte. Als ich mich noch auf dem Treppenaufgang befand, spielte das keine große Rolle, da tropfte es einfach nur auf den Boden. Interessanter wurde es dann als ich mich an den ersten elf Sitzplätzen in der Reihe 10 zu meinem Platz bewegte. Dann nämlich hielt ich die „tropfende Hand" genau über den Köpfen der bedauernswerten Besucher, welche ihre Plätze in der Reihe 9 eingenommen hatten. Und diese Menschen, auf den vollbesetzten Plätzen 1 – 11, wurden an diesem Ostersamstagnachmittag von mir, sozusagen mit Ketchup und Senf „getauft". Rückblickend musste ich dabei feststellen, dass wirklich jeder etwas von den leckeren Würzsaucen abbekommen hatte. Manche in ihren Haaren, andere auf der Jacke, wieder andere sowohl als auch. Oh Gott, wie peinlich war das denn??

Fassungslos und mit offenem Mund betrachtete ich die rot-braune Spur der Verschmutzung, die ich neben mir hergezogen hatte. Meine Kleidung bekam übrigens keinen einzigen Spritzer ab, weder Ketchup noch Senf! Meine Hände allerdings waren komplett rot und braun.

Und bald schon bemerkten die ersten Leute in der betroffenen neunten Reihe undefinierbare schmierige Substanzen auf ihren Häuptern. Immer mehr Hände wurden zu den Köpfen geführt, um zu fühlen was sich dort befand.

„Ja was ist das denn für eine Sauerei?" und Worte wie „Igittigitt" oder „ekelhaft" waren immer deutlicher zu vernehmen. Unmut breitete sich aus. Ihr müsst mir glauben, jeder einzelne von denen tat mir unheimlich leid!! Absolut!! Das wollte ich echt nicht!!

Aber mir blieb nichts anderes übrig, als "so unbeteiligt wie nur irgend möglich" zu tun um bloß nicht als eventueller Verursacher dieser Unflätigkeit in Betracht gezogen zu werden.

Da allerdings schon bald darauf der MSV Duisburg, sensationeller Weise, das 2:0 erzielte, und sich alle Besucher dieses Fan-Blocks (Alle? Nicht wirklich. Alle außer Miriam und mir!) im kollektiven Freudentaumel befanden, spielte das vorher Geschehene selbst für die Besucher der Reihe 9 keine Rolle mehr, denn dann wurden vor lauter Begeisterung und Ektase von überall halbvolle Bierbecher kreuz und quer durch die Arena geworfen, so dass fast jeder eine gewisse Ration davon abbekam. Da war dann eh alles egal.

Weswegen sollte man sich dann noch über ein bisschen Ketchup im Haar oder im Kragen aufregen? Und in diesem Moment war selbst meine Kleidung nicht mehr rein. Verklebt und mit nach Bier riechenden Klamotten sowie mit einer schmerzlichen 0:2 Niederlage verließen wir dann später das Stadion. Aber auch, mit einer neuen Story, die wir uns noch Jahre später gerne gegenseitig erzählten...

...kurz vor dem Start in den Sommerurlaub '13

Samstag, der 20.07.2013

05:00 Uhr:
Eine Stimme aus dem Radiowecker reißt mich mit den Worten:

„Guten Morgen, liebe Hörerinnen und Hörer, es ist 5 Uhr. Hier sind die Nachrichten des Hessischen Rundfunks" aus dem Tiefschlaf!

05:05 Uhr:
Ich hatte mir die Nachrichten zwar angehört, konnte sie aber, aufgrund meiner unfassbaren Müdigkeit im Gehirn nicht wirklich verarbeiten oder gar verstehen.

05:10 Uhr:
Es dämmert mir langsam, dass heute Samstag ist. Ich stelle mir ernsthaft die Frage, warum der Wecker an einem Wochenende schon in „aller Herrgottsfrühe" so unbarmherzig aktiv ist.

05:15 Uhr:

Es wird mir allmählich klar, dass das einen guten Grund hat, und zwar, weil wir heute früh in den Sommerurlaub starten wollen.

Ich drehe mich auf die Seite, aber Elkes Bett ist bereits leer. Sie war viel früher aufgestanden.

05:20 Uhr:

Kaum, dass der Radiowecker losging und mich mit den Worten:

„Guten Morgen, liebe Hörerinnen und Hörer, es ist 5 Uhr. Hier sind die Nachrichten des Hessischen Rundfunks" weckte, springe ich hurtig aus dem Bett und wanke ins benachbarte Badezimmer. Dort setze ich mich erstmal in aller Ruhe auf den Badewannenrand, um mich zu sammeln.

05:30 Uhr:

„Also wie ist das heute nochmal geplant? Wann kommt das Taxi, das uns nach Frankfurt, zum Flughafen fahren wird? Ach ja, das kommt um 07:45 Uhr. Bis dahin muss ich also mit den letzten Vorbereitungen fertig, und vollständig aufgewacht sein. Noch über zwei Stunden, das könnte ich schaffen."

Behäbig erhebe ich mich vom Badewannenrand und schlürfe zum Waschbecken. Dabei sehe ich versehentlich in den Spiegel.

„Oh Gott, wer ist das denn?"

05:45 Uhr:

„Ach da bist Du ja endlich", begrüßte mich Elke, die schon eifrig in der Küche werkelt.

„Wolltest Du Dir nicht den Wecker auf 5 Uhr stellen?"

„Hab ich auch!", brumme ich. „Nützt nur nix bei mir."

Da ich mit dem Packen bereits am Freitag fertig geworden bin, steht an diesem Morgen nicht mehr allzu viel auf meiner To-do-Liste.

06:00 Uhr:

Frühstücken steht ganz obendrauf, auf der Liste! Und Tee trinken!

06:15 Uhr:

Duschen ist der nächste wichtige Punkt, gefolgt von Blumen gießen, Briefkastenschlüssel für den Nachbarn bereitlegen und einigen weiteren Aufgaben dieser Art. Also alles noch in Ruhe und ohne großen Stress machbar.

06:30 Uhr:

Ich stehe unter der Dusche und träume vor mich hin. Doch dann, plötzlich, was ist das? Ein ekliges Jucken lässt meine Aufmerksamkeit zu meiner rechten Körperseite wandern. Als ich auf den Bereich neben meiner rechten Pobacke nach unten blicke erschrecke ich fürchterlich. Um einen tiefdunkelroten Mittelpunkt hatten sich mehrere Kreise in diversen Rötlich-Tönen gebildet. Das Gesamtkunstwerk hat einen Radius von ca. 15 cm erreicht. Es sieht zum einen gruselig aus, und zum anderen juckt es inzwischen unerträglich.

06:35 Uhr:
Duschen vorzeitig abgebrochen. In gespannter Erwartung, was wohl meine beiden Reisebegleiterinnen dazu sagen werden, renne ich (ja, ich bin in Anbetracht dieser Uhrzeit für meine Verhältnisse erstaunlich flott unterwegs) in die Küche, um Elke und Miriam über meine Entdeckung zu informieren. In der Zwischenzeit ist mir auch wieder eine Begebenheit ins Gedächtnis zurückgekommen, welche sich vor einiger Zeit zugetragen hatte. Am 11. Juni nämlich hatte ich mir auf einer Fahrradtour eine Zecke eingefangen, die ich damals erst zwei Tage später entdeckte. Das muss es sein. Das Miststück hat mir als Gruß anscheinend einige Borrelien überlassen.

06:40 Uhr:
Die Tagung des Familienrates kommt in Rekordzeit zu einem Ergebnis und fasst einen riskanten Beschluss. Ich soll mich unverzüglich auf den Weg in die Notfallambulanz des Hochwaldkrankenhauses machen. Diese befindet sich zu Fuß, wenn man sich beeilt, ca. fünf Minuten von unserem Haus entfernt. Das kann ich noch rechtzeitig schaffen. Elke und Miriam werden derweil die Stellung halten und alle restlichen Aufgaben erledigen. Wir wissen, dass es sehr sehr knapp werden kann, aber wir wollen es zumindest versuchen.

06:48 Uhr:
Ich treffe in der Notfallambulanz ein. Hatte anscheinend etwas getrödelt. Es befinden sich drei Patienten vor mir in der Warteschlange und ein weiterer ist gerade im Sprechzimmer. Wird eng, aber ist machbar…

06:57 Uhr:
Die Tür zum Arztzimmer öffnet sich, der bisher behandelte Patient kommt heraus und einer der Wartenden geht hinein. Somit habe ich nur noch zwei Leute vor mir. Aber wer weiß schon weswegen die hier sind, und wie lange jeweils ihre Verarztung dauert?

07:05 Uhr:
So langsam sollte ich für mich ein zeitliches Limit setzen, wann ich hier aufgebe. Aber was dann?

07:10 Uhr:
Erneuter Wechsel im Behandlungs-raum. OK, diese Behandlung hat jetzt dreizehn Minuten gedauert. Ich rechne hoch: wenn das in diesem Tempo weiter geht, reicht meine Zeit nicht aus. Außerdem sieht der jetzt noch Verbliebende so richtig leidend aus. Ich werde also nicht versuchen ihm meine Situation zu erläutern und zu fragen, ob er unter diesen Umständen evtl. so freundlich wäre mich rasch vorzulassen…

07:15 Uhr:
Ich beschließe einfach cool zu bleiben. Wenn ich mich jetzt aufrege, geht es, letztendlich, auch nicht schneller!

07:17 Uhr:
Oh, das ging aber fix! Der nächste Patient verlässt meinen ersehnten Zielort, das Arztzimmer. Geht da vielleicht doch noch was für mich? Der nächste der ins Arztzimmer gerufen wird, bin dann jedenfalls ich!

07:20 Uhr:
Die diensthabende Notärztin verlässt den Behandlungsraum und informiert uns im Vorbeigehen, sie sei „gleich" wieder zurück. Oh nein, das war´s ja dann wohl...! Keine Chance mehr...!

07:21 Uhr:
Die Ärztin hält tatsächlich Wort und kehrt überraschend „gleich" wieder an ihren Arbeitsplatz zurück.

07:27 Uhr:
Siehe da: ich bin dran!
„Und welches Problem haben Sie?", fragt mich die Frau Doktor.
„Ich habe das Problem, dass es inzwischen – ich lugte bangen Blickes auf die Uhr – 07:28 Uhr ist, dass um 07:45 Uhr das Taxi, welches uns zum Frankfurter Flughafen bringen soll, bei uns

zuhause vorfährt, und dass ich Ihnen vorher gerne das hier zeigen möchte."

Die Ärztin ist kolossal gespannt, was das denn jetzt wohl sein wird und sagt:

„Ich verstehe. Na, dann machen wir lieber mal schnell!"

Diese professionelle Einstellung gefällt mir. Ich lasse meine Hose herunter und die Ärztin nickt.

„Ach ja, wieder eine eindrucksvolle Borreliose, hatte ich heute schon mal. Da hilft nur eines, Antibiotika."

Während sie meine Krankenkassenkarte flott in ein Gerät steckt und mir gleichzeitig ein Rezept ausstellt, will sie noch wissen in welches Land ich denn reise und bewertet die medizinische Versorgung in meinem Zielland Großbritannien als „einigermaßen ok".

„Holen Sie sich in einer Apotheke am Flughafen in Frankfurt schnell das Medikament und dann können Sie beruhigt fliegen. Gute Reise!" Leider zickt das Rezeptausstellungssystem etwas herum, so dass ich wertvolle Zeit verliere.

07:35 Uhr:
Ich verlasse die Notfallambulanz auf dem schnellsten Wege und eile – so schnell es geht – nach Hause.

07:41 Uhr:
Immerhin, schneller als auf dem Hinweg! Die Koffer stehen bereits vor der Haustür. Zuhause angekommen habe ich gerade noch die Gelegenheit kurz auf Toilette zu gehen.

07:45 Uhr:
Das Taxi fährt pünktlich vor und der Urlaub kann
planmäßig beginnen.

... an Heiligabend

Es war Heiligabend und die Gabentische waren gerade stabil genug, um unter der Last der Geschenke nicht zusammenzubrechen.

Unsere Tochter Miriam legte obendrein noch drei – von ihrer Freundin Chiara selbstgemachte – Pralinen dazu. Im Laufe des Abends ergriff meine Frau Elke eine der nett anzusehenden Kügelchen, in Erwartung einer aromatischen, cremig-süßen Köstlichkeit. Sofort nach dem ersten Bissen nahmen Elkes Gesichtszüge seltsame Formen an.

„Bäh! Was ist das denn?" entfuhr es ihr entsetzt.

„Das schmeckt ja wie schmierig seifige Brausestäbchen. Und es wird immer mehr im Mund, igittigitt!"

Als dann sogar überdies Schaum aus ihren Mundwinkeln herausquoll, wurde mir klar, dass die vermeintlich leckeren Rundlinge keine Pralinen waren, und sie sich auch nicht für den inneren Verzehr eigneten, sondern eher zur äußerlichen Anwendung, z.B. in einem Vollbad. Es handelte sich nämlich um in täuschend echter Süßigkeiten-Optik getarnte Badekugeln.

ES '23

... bei der Yoga-Endentspannung

Genau genommen ist das der Moment, auf den ich die gesamte Yogastunde warte, die Endentspannung.

Nach den dynamischen Flows und anstrengenden Sonnengrüßen vorher, ist dieses Ritual am Schluss der neunzig Minuten ein echter Hochgenuss. Denn völlig entspannt auf dem Rücken zu liegen, mit geschlossenen Augen, so wie, ohne quälende Alltagsgedanken im Kopf, kann ich eine beschwerliche Bewegungseinheit, wie es eine Yogasession nun mal für mich ist, genussvoll ausklingen lassen.

Sinn und Zweck ist es, körperlich und geistig „herunterzufahren", und dabei in völliger Wohlfühlatmosphäre zu relaxen.

Auch wenn ich in den anfänglichen achtzig Minuten gewisse Schwierigkeiten habe mitzukommen, um die Übungen und Stellungen zumindest einigermaßen konform hinzukriegen, Endentspannung kann ich. Darin war ich schon immer gut.

Wenn ich mich zurückerinnere, an meinen Beginn als praktizierender Yogi, fällt mir spontan eine bestimmte Endentspannungsrunde ein.

Geraldine – so hieß meine damalige Yogalehrerin – geleitete uns mit sanfter Stimme und warmen Worten in eine erholsame Gelöstheit. „Komplettes Loslassen im Kopf" und die „bedingungslose Übergabe des Körpers an die Schwerkraft" war die primäre Devise. Einige Minuten später, nach Erreichen dieses gelockerten Zustandes, begann Geraldine in einem geschmeidigen Flüsterton, uns Hilfestellungen auf unserer persönlichen Erholungsreise entgegen zu hauchen.

Dabei regte sie an, ein jeder sollte sich mental an seinen Lieblingsort versetzen. Ganz egal, ob das eine vielfältig bunte Blumenwiese in der unmittelbaren Umgebung, ein kristallklarer, himmelblauer See in den Bergen, oder gar ein paradiesisch goldener Traumstrand unter Palmen auf einer Südseeinsel war, wir sollten uns diese Kulisse so intensiv vorstellen, dass wir uns praktisch mittendrin fühlten.

Mir kam an diesem Tag unverzüglich ein ganz spezieller Ort in den Sinn, keine idyllische Landschaft, keine atemberaubende Naturschönheit, nein, nichts dergleichen. Ich „beamte" mich gedanklich in die Ausstellungshallen am Gruga-Gelände in Essen. Und zwar mitten rein in das Gedränge und den Trubel der grandiosesten Veranstaltung, die ich mir vorstellen kann, welche dort jährlich im Oktober stattfindet: die weltgrößte Spielemesse! Und es gelang mir, im Zustand dieser tief in mir aufkommenden, ruhenden Erholung, gänzlich in jene Szenerie einzutauchen. Für mich persönlich ein wundervolles und erstrebenswertes Empfinden.

Geraldine säuselte sanft, wir sollten einfach mal versuchen zu registrieren, wie es dort an unserem geistigen Lieblingsort aussieht.

„Was nehmen Eure Augen hier wahr?"

In meinem Fall war das in erster Linie Gewusel von zigtausenden Menschen. Und ich blickte in unendlich viele glückselig strahlende Gesichter, von kleinen und von großen Kindern. Letztere werden gelegentlich auch schonmal Erwachsene genannt.

Mir fiel eine unfassbare Vielfalt an Farben auf, denn um mich herum tummelten sich allerhand bunt gekleidete Spielefreaks, an jedem der facettenreich gestalteten Messestände. Rote, grüne, blaue, gelbe und mitunter auch violette, schwarze oder weiße Spielfiguren in unterschiedlichsten Größen und Formen wurden allerorten auf rechteckigen, runden, ovalen oder wie auch immer geformten Spielplänen hin und her geschoben. Würfel purzelten schwungvoll über die Spieltische woraufhin angespannte und triumphierende, so wie teils frustrierte oder auch frohgemute Mienen in ein und derselben Spielrunde beobachtet werden konnten. All das machte mich so glücklich, dass ich meditativ immer intensiver in diese Welt eindringen konnte.

Nichtsdestotrotz vernahm ich kurz darauf Geraldines folgende Worte.

„Nimm wahr, welche Geräusche Du an Deinem Lieblingsort hören kannst."

Ich spitzte die Ohren. Und ja, akustische Reize präsentierten sich einige. So vernahm ich diverse

Lautsprecherdurchsagen, welche über die besonderen Highlights der kommenden Stunde informierten. Wann welcher Spieleautor für eine Autogrammstunde zur Verfügung stehen würde und wo gleich das nächste Gewinnspiel starten sollte.

Aber was war das bloß für ein heilloses Stimmengewirr in diesen Hallen? Hier schnappte ich ein paar Fetzen französischer Sprache auf, dort wurde in Englisch kommuniziert, auch spanisch sprechende Besucher waren angereist, okay, Deutsch überwog zwar schon deutlich, aber auch völlig fremd klingende Unterhaltungen kamen mir zu Ohren.

Dann war da auch noch von irgendwoher dieses schmetternde Geräusch, wenn die letzte, alles entscheidende Spielkarte siegesgewiss auf den Tisch geknallt wird, zu belauschen.

Die Töne, welche fallende Würfel von sich zu geben pflegen, mischten sich in das mitunter laute Gelächter der Spieler an den Tischen, genauso wie emotionale Zustandsbeschreibungen, beispielsweise ein stimmgewaltiges „Juhu! Gewonnen!" oder ein verzweifeltes „Hilfe, ich brauche dringend eine Vier".

Und – im wahrsten Sinne des Wortes – über all diesem Radau dröhnte noch die, unter dem Dach positionierte, Be- und Entlüftungsanlage der Halle im Dauerbrummmodus. Völlig entspannt genoss ich jedes einzelne dieser Klangerlebnisse!

Auch das, als Geraldine wieder das Wort ergriff und diesmal fragte:

„Was könnt Ihr dort, wo Ihr jetzt seid, riechen? Liegen bestimmte Gerüche in der Luft?"

Absolut! Eine breite Palette an Düften stellte sich in meiner Nase ein. Ja gut, der Eindruck von verbrauchter, stickiger und stehender Luft – stellenweise flankiert von leicht schweißigen Noten – kam mir als erstes in den Sinn. Das ist in der Realität nach spätestens zwei Stunden Aufenthalt so eine Art olfaktorisches Markenzeichen eines jeden Messetages.

Ich konnte aber, wenn ich mich konzentrierte, auch noch feinere und detailliertere Odeurs ausfindig machen, z.B. der eine oder andere Hauch eines Parfüms vor vorbeischlendernden Personen verirrte sich in mein Riechorgan. Neben Sandelholz, Kardamom, Leder und Veilchen kitzelte – hin und wieder, so dann und wann – auch noch ein holzig-würziges Zedernaroma meine zuständigen Rezeptoren. Die Mischung aus alledem war zwar nicht unbedingt als harmonisch zu bezeichnen, aber als authentisch bei einem Rundgang über das Messegelände. Stellenweise erschnüffelte ich natürlich noch die Ausdünstungen der typischen kulinarischen Angebote dieser Veranstaltung. In einer Ecke wurde Popcorn verkauft und verströmte sein markantes Bukett in die Umgebung, genauso wie der spezielle Kaffee, welcher am Stand der Spieleautorenzunft traditionell so stark und bitter eingebraut, wurde.

Sämtliche Eindrücke wirkten dermaßen stark auf mich ein, dass ich für einen Moment fest glaubte, mich tatsächlich in einer der Hallen zu befinden.

Dann aber ermunterte uns Geraldine, den Fokus nun auf das Gustatorische zu verlagern.
„Welche Geschmacksempfindungen kannst Du feststellen?"
Unverzüglich hatte ich die Impression von diesen deftig herzhaften Pfefferbeißer-Würsten im Mund, welche sich seit Jahren stets in meinem Spiele-messen-Carepaket befanden. (Anmerkung der Redaktion: Meine Schwiegermutter Renate, bei der Miriam und ich während der vier Messetage wohnten, ist sehr um unser leibliches Wohl bemüht, und stellt uns Jahr für Jahr äußerst liebevoll die erwähnte Proviantbox zusammen)
Natürlich „schmeckte" ich kurz darauf auch all die anderen Leckereien, welche jedes Mal mit von der Partie waren. Ich erfreute mich an der kakaoig-milchigen Süße der kleinen, quadratisch, praktisch und guten Schokoladentäfelchen, während ich mir diese gedanklich genussvoll auf der Zunge zergehen ließ. Gleich im Anschluss meldeten sich die „sauren" Sinneszellen und zauberten mir die Aromen der fruchtigen Trinknahrung, welche auch nie fehlen darf, in meine Wahrnehmung. Und erneut war ich in meiner Vorstellung mittendrin in einer der typischen Mittagspausen während des alljährlichen Event-Highlights in Essen. Das war eine Endentspannung, so ganz nach meinem Geschmack!

Als ich alles aufgegessen hatte, widmete sich Geraldine auch noch dem letzten der fünf Sinne, dem Haptischen.

„Was können Eure Finger ertasten?"

Unverzüglich fand ich mich an einem der zahlreichen Spieltische wieder und schnappte mir einen Würfel. Meine rechte Hand formte sich ganz automatisch zu einer Art Schale, in welcher ich diesen leichtgewichtigen Kubus kräftig durcheinander wirbeln ließ. Es fühlte sich sehr gefällig an, denn er hatte keine scharfen Ecken und Kanten, sondern war überall wohltuend abgerundet. Ich spürte während des Würfelns deutlich die kurzen Berührungen der glatten Oberfläche auf meiner Haut und dosierte die Schüttelintensität so, dass der simple Holzkörper nicht völlig außer Kontrolle geraten und vorzeitig aus der Hand springen konnte. Dann ein kurzes, aber gezieltes Neigen der Hand, bei gleichzeitigem Ausstrecken der zuvor gekrümmten Finger, und schon fiel der Würfel auf den Tisch. Natürlich zeigte er meine in diesem Moment favorisierte Augenzahl.

In meiner linken Hand hielt ich einen in meiner grünen Lieblingsfarbe bemalten Pöppel. Der eine oder die andere Lesende fragt sich nun vermutlich, was ein Pöppel sei. Das ist eine, in Kegelform mit aufgesetztem Kugelkopf erscheinende Spielfigur, vor allem bekannt aus den Klassikern wie „Mensch ärgere Dich nicht" oder „Halma". Pöppel sind deswegen stets rundlich geformt und besitzen ebenfalls eine glatte Oberflächenstruktur. Ich ertastete diese Verbindung der beiden geometrischen Formen in meiner Handfläche, einerseits die relativ kleine Kugel und andererseits den Kegel mit im Vergleich dazu deutlich größerem Radius im unteren Bereich, vermutlich um die Standfestigkeit zu gewährleisten. Wie oft hatte ich in meinem langen Spielerleben bereits ein solches Konstrukt in den Händen gehalten? Keine Ahnung, aber ich habe diese spezielle Form noch niemals zuvor so intensiv gespürt wie in jenem Augenblick.

Aufgrund meiner gewürfelten Zahl wurde mein Pöppel auf ein bestimmtes Feld auf dem Spielplan positioniert. Dies hatte die unmittelbare Folge, dass ich eine Ereigniskarte ziehen musste. Auch dieses flache Objekt aus dünnem Karton ermöglichte mir eine gesonderte haptische Wahrnehmung. Bei der Aufnahme der Karte vom Stapel merkte ich, die Pappe war biegsam, aber stabil genug, um nicht gleich bei jedem Kontakt in der Mitte durchzuknicken. Mein Daumen berührte eine der vier Ecken und mir wurde gewahr, dass diese relativ spitz zulief. Der Zeigefinger legte sich auf eine der Kanten, welche nicht so scharf wie z.B. die eines Blattes Papier erschien. Ich drehte die Karte um und wollte gerade in Erfahrung bringen, ob mir ein positives oder negatives Ereignis bevor-stand, da ertönte erst der sanfte Ton von Geraldines Klangschale und gleich darauf ihre Stimme.

„Fange an Dich wieder ganz sachte zu bewegen. Beginne mit Deinen Füßen, schicke danach achtsame, energetische Impulse in Deine Hände, recke und strecke Dich und komme langsam wieder zurück ins Hier und Jetzt."

Meine erstaunlich tiefgehende Sinnesreise war zu Ende.

Und es war verblüffend, wie sehr ich in der Lage sein konnte – weil ich mich restlos darauf eingelassen hatte – gedanklich komplett in eine andere Welt einzutauchen. Obwohl ich in Wirklichkeit die gesamte Zeit über im Yogastudio auf meiner Matte lag, sah, hörte, roch, schmeckte und tastete ich all das Beschriebene, wie wenn ich tatsächlich direkt vor Ort gewesen wäre.

ES '23

...in Frankfurt Sachsenhausen

Es war Freitagnachmittag und wir hatten vereinbart, dass ich Elke um 15:30 Uhr mit dem Auto in Frankfurt abhole.

Dementsprechend fuhr ich, um eine größtmögliche Chance zu haben, pünktlich am Treffpunkt, dem Parkplatz ihrer Firma, sein zu können, um 14:20 Uhr in Bad Nauheim los und dichtete frohgemut vor mich hin:

„Nicht, dass es mir nachher leidtäte,
Elke hasst nichts mehr, als wenn ich mich verspäte.“

Der Autoverkehr in Frankfurt kann an einem Freitag, so um die Feierabendzeit, mitunter schon recht zähfließend sein. Und dann noch die gefühlt mindestens 1000 Ampeln auf dem Weg…

Bei sonnigem Wetter und mit guter Laune ausgestattet startete ich von zuhause, nicht ohne eine Live-CD der Dire Straits in den entsprechenden Player einzuschieben, und die mit „+“ gekennzeichnete Lautstärkeregler Taste so oft anzutippen, bis sie fast an die Grenze ihrer Möglichkeiten stieß. Ganz so, wie ich es nur machen durfte, wenn Elke nicht mit an Bord war.

Derart beschwingt angetrieben kam ich ganz passabel bis nach Frankfurt durch. Ich konnte also zufrieden resümieren:

„Blöd wär, falls ich jetzt noch in einen Stau geräte,
denn Elke hasst nichts mehr, als wenn ich mich
verspäte."

Ab dem Kaiserlei-Kreisel zeigten sich die Straßen so gesättigt wie es durchaus zu erwarten war. Mehr als stockend kam man nicht mehr voran. Noch war alles im viel zitierten und angestrebten „grünen Bereich". Aber eine länger anhaltende und so gefürchtete „rote Welle" sollte mich hoffentlich nicht noch ausbremsen.

Je mehr ich mich dem von Touristen sehr geschätzten Stadtteil Sachsenhausen näherte, umso mehr Autos waren „uff de Gass" – wie der Frankfurter so nett verniedlichend auch zu seinen großen und breiten Hauptverkehrsadern zu sagen pflegt – unterwegs. So langsam ahnte ich, dass es für mich zeitlich doch noch knapp werden könnte. Gerade deswegen haderte ich mit mir selbst:

„Es nützt nichts, wenn ich mich jetzt aufregen täte,
obwohl, Elke hasst nichts mehr, als wenn ich mich
verspäte."

In Gedanken ging ich die noch vor mir liegende Strecke durch.

„An der nächsten Ampel scharf links abbiegen, dann ein wenig geradeaus, direkt am bekannten Äppelwoi-Kneipenviertel vorbei, kurz danach der

Rechtskurve folgend, und an der großen Kreuzung, noch mal nach links abzweigen. Den Sachsenhäuser Berg hinauf und schon bin ich am ersehnten Ziel. Und hoffentlich pünktlich…"

Es war wie verhext, denn eigentlich zeigte mir jede Ampel, an die ich heranrollte, ihr abscheulichstes rotes Licht, das sie gerade zu bieten hatte. So wie, natürlich auch, an der großen Kreuzung Dreieichstraße/Darmstädter Landstraße. Hier war ich der Dritte in der Warteschlange vor dem hämisch rot „grinsenden" Lichtsignal. Langsam stieg eine gewisse, leicht wachsende Nervosität in mir auf. Ein Blick auf die Uhr beruhigte mich wieder ein wenig. Wenn jetzt nichts Unvorhergesehenes dazwischenkommt, reicht die Zeit gerade so.

Und ich schob zweifelnde Hirngespinste gleich wieder zur Seite, so wie beispielsweise dieses hier:

„Schlimm, wenn ich den Parkplatz erst nach halb vier beträte,
denn Elke hasst nichts mehr, als wenn ich mich verspäte."

Aber warum hatte gerade diese Ampel mal wieder so eine extrem lange Rot-Phase?

„Das gibt es doch gar nicht!!" hörte ich mich fluchen.

Eine richtig gute Ausrede für ein eventuelles Zuspätkommen hatte ich nicht. Elke würde mir in jedem Fall vorhalten, ich hätte einfach eher von zuhause losfahren müssen. Aber noch war nichts verloren, noch konnte ich es schaffen.

Meine Blicke schweiften in einem Zustand zwischen Hoffen und Bangen umher. Als ich nach links aus dem Seitenfenster sah, konnte ich in den Schalterraum einer Bank spähen. Komisch fand ich in diesem Moment nur, dass ein Großteil der Leute, die sich in dem Raum befanden, ihre Hände entweder angewinkelt nach oben streckten oder über dem Kopf zusammengefaltet hielten. Das wirkte skurril und lustig, aber auch irgendwie befremdlich, speziell in einer Bankfiliale.

Und dann war da auch noch ein jüngerer, schlanker Mann, so ungefähr Mitte 30, ca. einen Meter fünfundsiebzig groß, der ein wenig lässig bis schlampig mit einem etwas zu weit geschnittenen, karierten Hemd und einer Jeans bekleidet war, ungekämmte blonde, mittellange Haare, aber keinen Bart trug und wild mit den Händen in der Gegend herumfuchtelte. Er schien den anderen Personen um sich herum, irgendwelche Anweisungen geben zu wollen. Die Szenerie erweckte den Eindruck eines Banküberfalles. Ja genau, so konnte man es ausdrücken, ein schlecht geplanter und stümperhaft ausgeführter Bankraub. Das würde auch erklären, warum die Personen, welche zusammen an der rechten Wand des Schalterraumes standen, dies mit erhobenen Händen taten.

So langsam reimte ich mir das alles zusammen, was ich dort gerade – live und in Farbe, direkt aus der ersten Reihe – beobachten konnte. Tatsächlich, das war ein echter Überfall. Da ich so etwas – zum

Glück – noch nie vorher erlebt hatte, war ich durch und durch gefesselt, in diesem real existierenden Kriminalstück.

Was konnte ich, der Klaus, der jetzt hier vor der Bank im Auto saß und eigentlich ja gar keine Zeit hatte, nun tun? Der Idee des Hineinstürmens, um den Gangster mit einem gekonnten Überraschungsangriff unschädlich zu machen, gab ich wenig Chancen. Blieb eventuell noch potenzielle Fluchtwege zu versperren. Auch das erschien mir aufgrund meiner mangelnden Ortskenntnisse kaum Aussicht auf Erfolg zu haben. Oder sollte ich die Polizei über das Geschehen informieren?

Aber eigentlich müsste ich schon längst weiterfahren, um nicht Gefahr zu laufen, zu spät bei Elke einzutrudeln…

Und überhaupt, warum war denn diese verdammte Ampel immer noch auf „Rot"?

Ja, es wurde mir richtig klar:

„Rote Ampeln sind einfach nur doofe Geräte,
und Elke hasst nichts mehr, als wenn ich mich
verspäte."

Ich richtete meinen Blick nach vorne und musste bemerken, dass das Licht der Ampel gerade in freudigem „Grün" strahlte, aber keiner der beiden Autofahrer vor mir auch nur irgendwelche Anstalten machte loszufahren. Beide Herren, die in den Fahrzeugen saßen, hatten ihre Köpfe nach links gedreht und peilten – wahrscheinlich ähnlich gebannt wie ich – was sich gerade in der Bankfiliale abspielte. Allerdings hatten beide auch ihr Handy am Ohr, woraus ich schloss, dass sie sich bereits mit der Polizei in Verbindung gesetzt hatten.

Selbst von den Fahrern, die hinter mir in der Reihe standen, hatte bisher noch keiner sein akustisches Warnsignal betätigt, um uns zum Weiterfahren aufzufordern. Mutmaßlich wollten auch diese Verkehrsteilnehmer hauptsächlich den weiteren Verlauf des Geschehens in der Bank verfolgen.

Vermutlich hatte es aber keiner in der Schlange so eilig wie ich...

Obwohl, ehrlich gesagt, zog mich die Situation mächtig in ihren Bann.

Inzwischen hatte sich am Tatort ein Bankangestellter etwas in den Vordergrund gespielt und war in „Verhandlungen" mit dem Bankräuber getreten. Auch diese Szenerie war reizvoll zu betrachten. Da ich aufgrund meines Platzes außerhalb des Gebäudes alles nur beäugen und nicht belauschen konnte, musste ich mir die Konversation infolge der optischen Eindrücke selbst herleiten.

Der Bänker schien ruhig und sachlich auf sein Gegenüber einzureden. Dieser jedoch wurde zusehends nervöser und resignierter. Er zappelte mehr und mehr herum und machte einen wahrlich verzweifelten Eindruck. Als er dann für einen kurzen Moment sein Gesicht in meine Richtung drehte, kam es mir so vor, als hätte er sogar Tränen in den Augen. Danach ging alles sehr schnell. Der Bankmitarbeiter entnahm dem Ganoven den Gegenstand, den dieser die gesamte Zeit über in der rechten Hand hielt (vermutlich eine Spielzeugpistole) und signalisierte den anderen Leuten im Raum, sie könnten ihre nach oben gestreckten Arme wieder gefahrlos senken.

Und siehe da, just in diesem Moment durchschritten zwei entschlossen wirkende Polizeibeamte mit gezogenen Dienstwaffen zielstrebig die Eingangstür des Geldinstitutes. Die Pistolen konnten gleich darauf wieder in die entsprechenden Halfter zurückgesteckt werden, denn die beiden Uniformierten waren erfahren genug zu erkennen, dass von diesem Häufchen Elend, das sie hier vorfanden, keinerlei Gefahr mehr ausgehen dürfte.

Ein letztes Aufbäumen gab es aber trotzdem noch. Der gescheiterte Bankräuber nahm nochmal all seine Kräfte zusammen und lief nach einer geschickten Körpertäuschung an den verdutzten Beamten vorbei, in Richtung Ausgangstür. Dort allerdings stieß er mit voller Wucht mit einem Kunden zusammen, welcher gerade die Bank betreten wollte. Der schmächtige Ausreißwillige prallte an dem kräftigen, korpulenten Körper des Neuankömmlings ab und trudelte zurück in den Schalterraum, genau in die Arme eines der beiden Polizisten. Echt filmreif, diese Szene.

Augenblicklich war der Widerstand gebrochen. Der junge Mann ließ sich nun, tatsächlich unter Tränen, aber ohne weitere Gegenwehr festnehmen und abführen. Es hatte auch den Anschein, als ob er für die Beamten kein unbeschriebenes Blatt war. Man schien sich zu kennen, eventuell von vorherigen stümperhaft ausgeführten Überfall-

Versuchen des – mutmaßlich – wieder einmal Festgenommenen.

Nachdem der Krimi nun vorbei und glücklicherweise unblutig ausgegangen war, blickte ich erschrocken auf die Uhr und musste feststellen, dass sie inzwischen 15:43 Uhr anzeigte. Aber nun war es passiert, ich befand mich jetzt bereits satte dreizehn Minuten über der Zeit und zudem immer noch ca. einen Km und rund 250 Ampeln vom vereinbarten Treffpunkt entfernt. Noch schwieg mein Handy. Wobei, ich rechnete sekündlich mit dem Ertönen der Klingeltonmelodie, ganz nach dem Motto:

*„Jetzt glühen hier gleich die Telefon-Drähte,
denn Elke hasst nichts mehr, als wenn ich mich
verspäte."*

Aber seltsamerweise blieb das Telefon ruhig.

Gefühlt eine Ewigkeit später schaltete die Ampel vor mir überraschenderweise doch noch auf „Grün" und diesmal fuhren meine beiden Vorderleute tatsächlich los. Zackig folgte ich ihnen und versuchte, auf den letzten Metern noch die eine oder andere Minute gut zu machen. Immerhin, inzwischen hatte ich zumindest eine Entschuldigung für mein Zuspätkommen. Also dazu konnte ich ja nun wirklich nichts.

Als ich auf den Parkplatz einbog, kam mir Elke relativ gut gelaunt aus Richtung ihres Büros entgegen. Auch sie war nicht pünktlich gewesen.

Vorsorglich deeskalierend brachte ich meine Entschuldigung vor.

„Schatz, ich wurde aufgehalten, durch einen Banküberfall! Tut mir leid!!"

Sie erwiderte, es wäre für sie kein Problem, dass ich mich etwas verspätet hätte, nur, ihr eine solch unglaubwürdige und dämliche Ausrede auftischen zu wollen, stimmte sie traurig. Ich könnte doch einfach offen zugeben, dass ich zuhause wieder einmal zu lange getrödelt hatte und deswegen zu spät losgekommen sei. Aber so eine absurde Geschichte zu erzählen, nein, das müsste nicht sein.

„Das kannst Du Dir in Zukunft sparen!", bekam ich zu hören.

Erst als ich ihr mein aufregendes Erlebnis in allen Einzelheiten schilderte, wurde ihr klar, ich sagte die Wahrheit, und nichts als die Wahrheit. So viel Fantasie, dass ich mir das alles selbst ausgedacht haben könnte, nur um eine Entschuldigung vorzubringen, traute sie mir dann doch wieder nicht zu.

...bei Ida

Elke versprach mir einen Überraschungsausflug und wollte partout nicht verraten, wohin es ging. Eigentlich logisch, denn sonst wäre es ja auch keine Überraschung mehr gewesen.

Aufgrund der Tatsache, dass ich mich am darauffolgenden Montag zu einer Operation an der Hypophyse in die Marburger Uniklinik begeben musste, dachte sich meine Frau einen besonderen freitäglichen Ausflug für mich aus.

Wir bestiegen die S-Bahn in Friedberg und fuhren in Richtung Frankfurt. Am Hauptbahnhof, an der Hauptwache und selbst an der Konstabler Wache blieben wir – zu meiner großen Verwunderung – weiterhin in dem Wagen sitzen. Erst an der Haltestelle Ostendstraße forderte mich Elke auf, die Bahn genau hier zu verlassen.

Ich hatte nach wie vor nicht die geringste Ahnung in welche Richtung sich dieser Tag entwickeln würde. Nach dem Verlassen der U-Bahn-Station spazierten wir in Richtung Main. Inzwischen war es Mittagessenszeit und wir ließen uns im Restaurant „Oosten am Main", direkt neben der Weseler Werft, an Frankfurts Flussufer nieder. Es folgte ein leckeres Mahl in dessen Verlauf mir Elke eröffnete, dass wir noch einen festen Termin zu einer bestimmten Zeit an einem naheliegenden Ort hatten. Sie wusste genau wie sie die Spannung für mich hochhalten musste.

Bald folgte der Aufbruch und wir entfernten uns wieder weg vom Fluss, in Richtung Innenstadt. Elke blickte immer wieder auf ihre Uhr und trieb zur Eile an, denn unser Termin stand in Kürze bevor.

Schließlich erreichten wir das Hauptportal des Frankfurter Zoos. Hier lüftete Elke das Geheimnis. Der Tiergarten hatte seit Kurzem eine neue, artgerechte Pinguinanlage. Und dort konnte man an diesem Tag um 14 Uhr bei der Fütterung dieser süßen befrackten Wasservögel zusehen.

Das war also die Überraschung. Und ich fand, eine sehr gute Idee. Ich überlegte, wann ich das letzte Mal hier gewesen war.

„Verdammt lang her!"

Mehrere Jahre, aber genau konnte ich mich nicht mehr erinnern. Unsere Tochter Miriam war damals vermutlich noch ziemlich klein. Ach ja, ganz tief in meinen Erinnerungen kramte ich einen Trip in den Zoo hervor, der mir schon deshalb im Gedächtnis blieb, weil Miriam einst auf meine Frage, welche Tiere sie denn am tollsten fand, mit: „Die Vögel", geantwortet hatte. Gemeint waren die Spatzen, die zwischen den Gehegen auf den Wegen auf und ab sprangen. Nicht das Nashorn, nicht die Giraffen oder die Elefanten, nicht mal die putzigen Erdmännchen, nein, es waren die langweiligen Spatzen. Das hätten wir seinerzeit dann auch preiswerter haben können.

Aber an diesem Tag, im Mai 2019, war ich angemessen dankbar, für Elkes grandiose Idee. Und da die Pinguine ehedem seit Jahrzehnten meine absoluten Lieblingstieren waren freute ich mich wie ein Kind auf das kurz bevorstehende Ereignis.

Mit großen Schritten eilten wir in Richtung der neuen Attraktion des Tiergartens, der Freiluft-Pinguin-Erlebniswelt. Und wir erreichten den Ort genau zum richtigen Zeitpunkt. Eine Menschenmenge hatte sich bereits um die Anlage herum postiert, um das Schauspiel dieser Fütterung zu beobachten. Die Tiere machten ebenfalls den Eindruck, zu wissen was die Uhr geschlagen hatte, denn sie versammelten sich konzentriert in einem bestimmten der zahlreichen Becken und schwammen hektisch auf engstem Raum hin und her. Man konnte erkennen, dass sich keiner der Humboldt-Pinguine in diesem Moment weiter als nötig von einem der Uferabschnitte entfernen wollte. Die wussten sehr genau Bescheid, was in Bälde geschehen sollte.

Ein Tor öffnete sich und eine Tierpflegerin, mit zwei Eimern voller Fische betrat die Szenerie. Auf sie hatten sowohl die Tiere wie auch das menschliche Publikum, sehnsüchtig gewartet. Als sich die junge Frau schlussendlich positioniert hatte schwebten zusätzlich noch zwei Reiher ein und setzten sich – im Abstand von jeweils ca. drei Metern – links und rechts von ihr nieder.

Die Zoomitarbeiterin begrüßte die Besucher und die Reiher, und berichtete, dass diese beiden Vögel zu jeder Fütterung „irgendwie rein zufällig" bei den Pinguinen vorbeischauen würden.

„Also haben sogar sie die Fähigkeit eine Uhrzeit korrekt abzulesen", dachte ich bei mir.

„Respekt, das hätte ich nicht gedacht!"

Die Pinguine waren inzwischen komplett am kollektiven Durchdrehen und massenhaften Ausrasten. Sie watschelten in Scharen aus dem Becken und eine schwarz-weiße Invasion flutschte der Tierpflegerin entgegen. Die arme Frau hatte große Mühe, den Inhalt der Kübel vor den gefräßigen Schnäbeln zu verteidigen, bzw. einigermaßen fair zu verteilen. Man konnte allerdings auch erkennen, dass sie das nicht zum ersten Mal tat.

Die beiden Reiher, die das Spektakel links und rechts flankierten, betrachteten indes mit versteinerten Mienen das hektische Gewusel. Für einen kurzen Moment hatte es auf mich den Eindruck gemacht sie wären die beiden Bodyguards der Frau, und würden dann eingreifen, wenn die Pinguine zu aufdringlich oder zügellos werden sollten. Diese Wahrnehmung sollte sich später als falsch herausstellen. Die Reiher hatten ganz andere Absichten. Der Schutz der Pflegerin war keineswegs ihr Hauptanliegen. Eher dann doch die „Sicherstellung" des Inhalts der Eimer.

Die Zuschauer hatten Spaß und kamen, bei der Betrachtung dieser Show, voll auf ihre Kosten. Es wurde viel fotografiert, gefilmt und gelacht.

Mit der Zeit leerten sich – zum Entsetzen der Pinguine – die Eimer und die Vorführung näherte sich ihrem Ende. Die Reiher gingen an dem Tag gänzlich leer aus. Die Humboldts waren einfach zu gefräßig. Im Anschluss an dieses Event sah ich ihnen wieder beim fröhlichen „durch das Wasser tollen" zu. Dabei freundete ich mich besonders mit einer der Damen dieser Kolonie an, welche ständig vor mir auf und abschwamm, mich zwischendurch immer wieder mit ihren Augen fixierte, erneut abtauchte, um dann an einer anderen, für mich überraschenden Stelle wieder aus den Tiefen des Wassers emporzusteigen. Wir verstanden uns auf Anhieb gut. Immer wieder kam sie zurück an den Ort, an dem ich am Beckenrand stand. Die Lady hieß übrigens Ida, was mir das türkisfarbene Namensschild an ihrer rechten Flosse verriet. Jedes der Tiere trug sozusagen seine Visitenkarte am Arm, die Männchen links, die Weibchen rechts. Es gab sieben unterschiedliche Farbtöne, damit man, wenn man nach einem bestimmten Tier Ausschau hielt, sofort eine gewisse Selektion vornehmen konnte, und nicht jedes einzelne Namensschild lesen musste.

„Äußerst nützlich", dachte ich mir, denn so konnte ich meine neue Freundin Ida stets relativ leicht orten, egal wie rasch sie durch die Anlage tobte. Der Filter „türkises Schild an linker Flosse" ermöglichte mir fortwährend ein Wiederfinden in wenigen Augenblicken. Allzulange suchen musste ich aber sowieso nicht, denn Ida kam immer wieder zwischendurch aus eigenem Antrieb zu mir zurück um sich − anscheinend bestens gelaunt − vor mir in der trüben Brühe zu tummeln. Es bereitete mir größte Freude mit Ida auf diese Art zu flirten.

Als ich mich zwischendurch in meiner Umgebung nach Elke umsah, konnte ich sie nicht so zügig finden. Klar, denn sie war nicht mit einem farbigen Namensschild ausgestattet. Und daran, welche Farbe ihr T-Shirt hatte, dass sie an diesem Tag trug, konnte ich mich nun wirklich nicht erinnern. Frauen behaupten oftmals:

„Männer wissen so etwas nie!".

Ich sage: „Das können sie auch gar nicht wissen. Das ist genetisch bedingt, da kann man nichts machen!" Keine Regel ohne Ausnahme. Die Trikotfarbe ihres Lieblingsfußballvereins im letzten Spiel wissen Männer immer.

Nach etwas längerer Suche erblickte ich Elke glücklicherweise dann doch wieder. Sie stand vor einer Bank und kramte in ihrem Rucksack. Als sie gefunden hatte, wonach sie suchte, drehte sie sich in meine Richtung um, und kam mit einem gespannt erwartungsfrohen Blick auf mich zu. Dabei hielt sie irgendetwas hinter ihrem Rücken versteckt. Sie fragte mich, ob mir denn der Überraschungsausflug gefallen würde. Als ich dies glückselig mit: „Oh, ja, sehr!" beantwortet hatte, meinte sie, dass die Fütterungsshow noch nicht alles gewesen sei.

„Gibt es denn hier einen Pinguin, der Dir besonders gefällt?" wollte sie wissen.

„Aber hallo! Natürlich gibt es den! Ida!" schoss es aus mir heraus.

Elke ließ sich meine neue Liebe zeigen und gab uns ihren Segen. Und zwar sogar in Form einer Urkunde, auf welcher bestätigt wurde, ein gewisser Klaus Münch hatte nun ab sofort für ein Jahr die Patenschaft für einen Humboldtpinguin seiner

Wahl, im Frankfurter Zoo übernommen. Wow! Noch so eine richtig schöne Überraschung! Es war ein entzückendes Gefühl! Ida war nun ganz offiziell beglaubigt und amtlich bestätigt, mein Patenkind. Ich wollte ihr sofort die Urkunde zeigen, hatte allerdings den Eindruck, dass sie diese nicht beachtete. Egal, ich war glücklich!

Als wir später den Zoo verließen bedankte ich mich abermals ausgiebig bei Elke für diesen wunderbaren, kreativ gestalteten Tag. Wir schlenderten zurück zum Main, setzten uns auf der Terrasse einer Bar in bequeme Liegestühle und tranken zum Ausklang ein bis zwei Bierchen. Elke war es perfekt gelungen mich für einige Stunden vom Grübeln über die bevorstehende Operation abzulenken und glücklich zu machen. An der Stelle nochmals vielen lieben Dank dafür!

Der Frankfurter Zoo veranstaltet einmal im Jahr für alle Tierpaten (egal, ob sie sich Pinguine, Zebras, Nashörner oder Kurzohrrüsselspringer ausgesucht haben) einen speziellen Tag an dem, ab 14 Uhr, kein „normales" Publikum mehr Zutritt hat, damit nur noch die Unterstützer unter sich sind und ihre Lieblinge kostenfrei besuchen können. Dabei stehen zahlreiche Tierpfleger und Pflegerinnen an den Gehegen für sämtliche Fragen Rede und Antwort.

Selbstverständlich folgten auch wir der Einladung im darauffolgenden Jahr und freuten uns auf ein Wiedersehen mit meiner Ida.

Deswegen führte uns unser Weg, an diesem Tag wieder, direkt zur Pinguin-Erlebniswelt-Anlage.

Ungeduldig gespannt begann ich mit der Namensschilderfarben-Selektion, um Ida möglichst rasch zu orten. Da mein Fokus auf den türkisfarbenen Markierungen lag sonderte mein Gehirn geschwind Rot, Gelb, Grün, Orange usw. aus und ich konnte in Ruhe die Namen auf den entsprechenden Flügeln lesen. An diesem Tag waren zehn Tiere mit der gesuchten Farbe gekennzeichnet. Aber eine Ida war erstmal nicht dabei. So intensiv ich auch nach ihr fahndete, ich konnte sie nicht finden. Die Petra, die Gerda, eine Michelle, ein Tier mit türkisenen aber unbeschriftetem Namensschild, all diese Pinguine konnte ich finden, aber die Ida war nicht zu sehen. Langsam wurde ich unruhig.

„Ihr wird doch wohl nichts passiert sein, seit meinem letzten Besuch hier?"

Eine gewisse Resignation ergriff und betrübte mich.

War sie krank, oder etwa gar nicht mehr am Leben? Ich musste es erfahren. Deswegen sprach ich in meiner Verzweiflung die nächste verfügbare Zoomitarbeiterin an und fragte nach dem Schicksal meines Patenkindes. Da allerdings die Hauptaufgabe der Frau, an diesem Tag, darin bestand Fragen jener Art zu beantworten entgegnete sie bereits leicht genervt.

„Also Ida ist bestimmt im Becken. Vorhin war sie jedenfalls noch dort. Sie müssen einfach genauer hinsehen, dann werden Sie sie finden."

Eine große Erleichterung stieg in mir auf, dass das Objekt meiner Begierde zumindest vor nicht allzu langer Zeit gesichtet wurde.

Als ich erwähnte, welche Namen ich schon alles gelesen hatte, und dass dann ferner ein Tier ohne Beschriftung unterwegs war, wandte die Tierpflegerin ein:

„Ach so, ja das ist doch die Ida! Sie macht sich immer einen Spaß daraus, ihr Namensschild selbst umzudrehen, bis der Schriftzug nach innen zeigt und nicht mehr lesbar ist. So ist sie, die Ida! Hat immer irgendwelche verrückten Ideen, die Kleine!"

Das gefiel mir und ich war angetan von der Kreativität meines Schützlings. Auf Nachfrage erfuhr ich, dass es weit und breit keinen anderen Pinguin gab, welchem jemals in den Sinn gekommen wäre, das Identifikationsschildchen umzudrehen, um under-cover unterwegs zu sein. Anfangs hatte sich das Tierpflegepersonal täglich die Mühe gemacht den Namen in die korrekte Position zu bringen, aber inzwischen hatte sich Ida durchgesetzt und trug die Kennzeichnung, ganz wie es ihr beliebte. Sie hatte eben ihren eigenen Kopf. Gut, nun wusste ich Bescheid und musste nicht bei jedem Besuch so lange sorgenvoll nach ihr Ausschau halten. Für mich war sie so noch leichter zu erspähen, denn es gab nur genau einen stolzen Pinguin ohne Namen, und zwar die Ida! Von dem Moment an war ich mir absolut sicher seiner Zeit das richtige Tier ausgesucht zu haben, mit Flausen im Kopf, aber einer starken Persönlichkeit.

...bei den Waldteichen

Auf meinem Reha-Plan, welchen mir Elke stets am Vorabend des jeweiligen Tages erstellte, stand für Mittwoch ein Waldspaziergang vermerkt.

Nach einer Operation befand ich mich gerade in einer Rekonvaleszenz-Phase, in welcher ich mich langsam wieder an das normale Leben herantasten musste. Deswegen sollte es an diesem Tag ein kleiner Streifzug durch den Wald sein. Und zwar erstmals ganz allein. Bisher hatte mich Elke bei meinen Gehversuchen stets vorsichthalber begleitet. Nun aber, verhielt es sich so, dass Elke erstens arbeiten musste und sie zweitens der Ansicht war, ich könnte eine derartige Unternehmung auch schonmal ohne Begleitung wagen. Ich tat wie mir aufgetragen wurde und schlich vormittags aus dem Haus. Auf dem Weg in Richtung der idyllisch gelegenen Bad Nauheimer Waldteiche gab es reichlich Bänke, welche ich nutzen konnte, wenn ich eine kurze Verschnaufpause benötigen sollte. An diesem Tag fühlte ich mich zumindest anfangs gut in Form, so dass ich die ersten Bänke auf der Strecke nicht in Anspruch nahm.

Nach ca. zwanzig Minuten erreichte ich den ersten der drei kleinen, aber feinen, beschaulichen

Teiche am Rande des Stadtwaldes. Das Zurücklegen dieser Strecke, die ich im gesunden und fitten Zustand sozusagen auf einem Bein hüpfend in unter zehn Minuten hinter mich gebracht hätte, strengte mich an diesem Tag aber doch schon gewaltig an. So beschloss ich, auf einer Bank, welche sich hinter dem dritten Teich befand, Pause und ein Picknick zu machen. Diesbezüglich war ich gut vorbereitet, denn in einer Tasche führte ich eine Flasche Mineralwasser, ein belegtes Brötchen und eine Tüte mit irgendwelchen Gummitierchen von Haribo mit. Eine Unterversorgung war also nicht zu befürchten.

Eigentlich hatte Elkes Reha-Plan noch eine etwas längere Strecke für mich vorgesehen, aber nachdem ich die Pause so richtig genossen hatte, beschloss ich, von hieraus gleich den Rückweg anzutreten. Ich war der Ansicht, das sei genug für diesen Tag. Wir wollten ja nichts übertreiben. So begab ich mich auf den Weg, vom dritten Waldteich zum zweiten Waldteich und von dort aus zum Ersten. Gleich dahinter befand sich eine Art Wall. Um diesen herum führte ein Weg. Auf der anderen Seite angekommen fiel mir in ca. zwanzig Meter Entfernung etwas bis dahin „Undefinierbares" am Boden auf. Als ich näher kam identifizierte ich es als Schildkröte. Sie war meiner Ansicht nach relativ groß, so ungefähr 35 cm lang und kroch behäbig auf dem gepflasterten Weg hinter dem Deich entlang. Natürlich sprach ich sie gleich an.

„Na, was machst Du denn hier? Hast Dich wohl verlaufen, oder? Du wohnst doch sicher hinter dem Hügel hier im ersten Teich."

Die Schildkröte bemerkte mich und näherte sich langsam. In diesem Moment gesellte sich noch eine ältere Spaziergängerin zu uns. Sie kannte die Schildkröte bereits und bemerkte.

„Ach, hier treibst Du Dich heute rum."

Und zu mir gerichtet ergänzte sie, dass sie das Tier am Vortag bereits getroffen hatte, und zwar etwa 300 m vom jetzigen Standpunkt entfernt.

So weilten wir also zu zweit, mitten auf dem Weg, und überhäuften das arme Tier mit Fragen und dummen Bemerkungen. Die Schildkröte allerdings scherte sich nur wenig um unser Geschwätz und war inzwischen an meinem rechten Fuß angekommen. Aufgrund der hohen Temperaturen hatte ich mich heute Morgen als ich das Haus verließ dazu entschlossen, nur Sandalen als geeignetes Schuhwerk auszuwählen. Auf Socken hatte ich natürlich in diesem Fall schlauerweise verzichtet. Und was machte das gepanzerte Tier zu meinen Füßen? Ich dachte ich sehe nicht recht. Es stieß mit seinem Kopf an meinen großen Zeh. Die Spaziergängerin rief hektisch, ich sollte bloß aufpassen, dass ich nicht in den Fuß gebissen werde. Diese Gefahr sah ich in diesem Moment nicht als akut an. Nachdem ich, vor lauter Verwunderung über das merkwürdige Verhalten des Reptils (ja, wie Du sicher weißt sind Schildkröten mit ihren 341 Arten eine Ordnung der Sauropsida und erschienen erstmals vor mehr als 220 Millionen Jahren. In der klassischen Systematik werden sie deswegen zu den Reptilien gezählt) beim ersten Zehenstupser nicht reagiert hatte, versuchte sie das Ganze erneut, und dann noch einmal und noch ein viertes Mal. Alles, was mir einfiel, war eine wiederholte sinnlose Frage an die Schildkröte zu richten, was sie mir denn damit wohl sagen wollte. Die Spaziergängerin und ich sahen uns hilflos an. Dem Tier war das aber inzwischen anscheinend zu blöd geworden und es begann sich langsam, sehr langsam sogar, von uns zu entfernen. Wir blickten ihm nach. Direkt neben dem Weg befand sich ein Zaun, welcher das Gelände des benachbarten Seniorenwohnheims von den öffentlichen Wegen abtrennte. Nachdem ich ihre Zeichen, die sie mir zu senden versuchte, nicht verstand, beschloss die Schildkröte (welcher ich in diesem Moment spontan den Namen Balduin gab, ohne zu wissen ob es sich überhaupt um ein Männchen handelte) sich unter dem Zaun durch, in Richtung der Seniorenresidenz von uns zu verabschieden. Ich hätte sie selbstverständlich auch von dannen ziehen lassen, aber sie hatte sich bzgl. ihrer eigenen Panzerhöhe ein wenig verschätzt und blieb unter dem Zaun stecken. All ihre verzweifelten Korrekturversuche blieben erfolglos, und bald gab es kein „vor" und kein „zurück" mehr, sie steckte absolut fest.

Nun musste ich eingreifen. Es war nicht ganz einfach, aber nach einigen Versuchen gelang es mir schließlich doch, den Zaun die entscheidenden Millimeter anzuheben und Balduin herauszuziehen. Unter normalen Umständen wäre mir die Bergungsaktion viel leichter gefallen und rascher geglückt. Aber meine körperliche Verfassung war an diesem Tag eben noch sehr weit entfernt, von einem stabilen Zustand.

Ich hob ich die Schildkröte auf und betrachtete sie genauer, da ich nicht allzu oft in der Situation bin, ein solches Tier näher in Augenschein nehmen zu können. Ich fand, dass Schildkröten faszinierende Lebewesen sind! Jedoch hielt meine Freude über das beeindruckende Geschöpf in meiner Hand nicht lange an, denn ich machte eine gruselige Entdeckung. Aus Balduins Maul hing eine Angelschnur heraus. Ich ahnte Schlimmes. Fürwahr langsam und behutsam versuchte ich an der Schnur zu ziehen und musste sofort erkennen, dass ich sie sich keinen Millimeter bewegen oder herausziehen konnte. Balduin zuckte bei diesem Versuch am ganzen Körper und versuchte umgehend Arme, Beine und den Kopf unter die schützenden Panzer zu ziehen. Höchstwahrscheinlich hatte die arme Schildkröte an einen Angelhaken angebissen. Die Schnur hing ca. vierzig cm lang aus ihr heraus. Wenn Balduin nach vorne krabbelte, befand sich die Leine unter seinem Körper und wurde von seinem unteren Panzer auf den Boden gedrückt. Somit wurde sie bei jedem Schritt des Tieres erneut angespannt und zog an dem Haken in seinem Maul. Ich weiß zwar nicht, wie schmerzempfindlich Schildkröten sind, aber angenehm konnte das auf gar keinen Fall für sie gewesen sein.

Die ältere Spaziergängerin und ich schauten uns erneut ratlos an. Was konnten wir machen, um dem armen Tier zu helfen? Dummerweise merkte ich langsam immer deutlicher, wie mich die Situation belastete und auch schwächte. Eigentlich musste ich dringend nach Hause, meine Tabletten einnehmen und mich ausruhen. Aber wir konnten doch nicht den armen Balduin im Stich lassen. Gerade, weil es mir klar erschien, dass er mich kurz zuvor sozusagen um Hilfe bitten wollte. Warum hatte er mich sonst mehrmals gegen den großen Zeh gestupst? Ich wurde das Gefühl nicht los, er wollte dringend auf sich aufmerksam machen.

In diesem Moment bemerkte ich, dass auf der anderen Seite des Walles, also direkt bei den Waldteichen eine Art Stimmengewirr zu vernehmen war. Vielleicht könnte man dort jemanden um Unterstützung bitten. So schleppte ich mich und Balduin zum ersten der Teiche. Dort bemerkten wir wie drei Erwachsene gerade versuchten etwas Ruhe und Aufmerksamkeit in eine Gruppe von wild durcheinanderschreienden Kindern zu bringen. Ein schier unmögliches Unterfangen. Zuviel gab es hier für die Kids zu sehen und so vieles mussten sie sich jetzt ganz akut und vor allem lautstark gegenseitig mitteilen.

„Bitte, jetzt konzentriert Euch doch mal hier auf unser eigentliches Thema", bemühte sich einer der Erwachsenen endlich Ordnung in die Situation zu bringen.

„Aha, ein Schulklassenausflug", resümierte ich nach den optisch und akustisch gesammelten Eindrücken. Und ich lag mit dieser Einschätzung goldrichtig. Anschließend zeigte ich den Damen und Herren Pädagogen einmal, wie man das macht, einen Haufen 9- bis 10-jähriger Kinder gezielt zur kollektiven Aufmerksamkeit auf ein Thema zu bringen. Sobald der erste Schüler Balduin entdeckte, rasten alle auf uns zu, umzingelten mich und waren auf der Stelle, ausnahmslos konzentriert, beim heutigen neuen Thema, „wie rette ich eine Schildkröte, welche zu tief in einen Angelhaken gebissen hatte?" Mit dem passenden Thema begeistert man eben auch Kinder in diesem Alter rasch. Keine der Schülerinnen und Schüler hatte jemals zuvor eine so große Schildkröte in Natura gesehen. Ich schilderte kurz die Lage und alle hörten wünschenswert aufmerksam zu.

Nun aber musste eine Idee her, wie wir Balduin helfen konnten. Leider war ich mit meinen Kräften inzwischen am Ende und ich musste das Tier in die Obhut eines anderen potenziellen Retters geben. Und da traf es sich gut, dass die Schulklasse heute mal mit drei Lehrkörpern unterwegs war. So verständigte man sich im Kollegium schnell darauf eine Kraft für eine gewisse Zeit entbehren und in den Dienst einer guten Sache stellen zu können. Man war sich unter den Pädagogen weiterhin gleich einig, es sei nötig diesem Projekt einen passenden Arbeitstitel zu geben, welcher mit <Rettung für die Schildkröte> rasch gefunden wurde.

Der Plan war, dass einer der Lehrer den Patienten in die nächstgelegene Tierarztpraxis bringen sollte, um dort Rat von Experten einzuholen. Ich wäre natürlich allzu gerne mitgekommen, aber mein Gesundheitszustand ließ das leider nicht zu. Aber ich wusste, dass ich Balduin in gute Hände übergeben hatte, und es keine bessere Lösung gab, als ihn einem fachkundigen Veterinärmediziner vorzustellen.

Die Schülerinnen und Schüler wären natürlich alle am liebsten begleitend dabei gewesen, aber letztendlich gaben sie sich damit zufrieden, da sie bereits etwas ganz Spannendes und Aufregendes erlebt hatten. Und später konnten sie zuhause ganz genau berichten, wie sie einem hilflosen Tier das Leben retteten.

Ich schaffte es ebenfalls noch nach Hause zu kommen. Selbstverständlich rief ich am nächsten Morgen gleich in der Tierarztpraxis an, um mich nach Balduins Zustand zu erkundigen. Man informierte mich, dass er in eine andere Praxis, zu einem Schildkrötenspezialisten gebracht wurde. Auch dort erkundigte ich mich umgehend. Hier fand man heraus, Balduin hatte sogar in zwei Angelhaken gebissen, welche nun, mit einer komplizierten Operation herausgeholt werden sollten.

Am darauffolgenden Tag wurde ich darüber in Kenntnis gesetzt, dass die OP erfolgreich verlaufen war, und die Schildkröte nun zum Wieder-Aufpäppeln in den Freizeitpark Lochmühle gebracht wurde.

„Wenn sie sich dann von den großen Strapazen erholt hat, wird sie wieder zurück, an die idyllisch liegenden Bad Nauheimer Waldteiche ausgewildert", wurde mir versichert.

Welch schöne Nachricht, nach der ganzen Aufregung…

Über den Autor:

Klaus Münch erzählt über brenzliche Situationen kurz vor seinen Reisen, emotionale Begebenheiten in eiskalten oder überhitzten Autos, sein Verhältnis zu Tieren, und darüber was Frauen so alles von ihm wollen, für welchen Fußballverein sein ganzes Herz schlägt, wie er mit den Fans der gegnerischen Mannschaft umzugehen pflegt, welches sein Lieblingsgetränk ist, wie es in seinem Schlafzimmer zugeht...usw....

Über die Illustratorin:

Elke Schürmeyer hat vor ein paar Jahren ihre Liebe zum Aquarellieren und zum Zeichnen entdeckt. Eine kleine Malausrüstung, samt Skizzen-heft, gehören für sie zu jedem Ausflug dazu.